지은이 종사르 잠양 켄체

1961년 부탄에서 태어났다. 7세 되던 해 티벳의 위대한 스승 잠양 켄체 왕포의 세 번째 환생으로 판명되어 켄체 아페이 린포체에게 사사했다. 현재 종사르 승원의 원장이자 종사르 대학의 학장으로 아시아 전역의 6개 승원과 교육 기관에 있는 1천6백여명의 승려들을 돌보고 있다. 또한 전 세계에 6개 지점을 두고 있는 수행 센터 〈싯다르타의 의도〉와 비영리 단체인 〈켄체 재단〉 및 〈연꽃 활동〉을 보살피고 있다. 한편 영화 〈컵〉(The Cup, 1999년)과 〈나그네와 마술사〉(Travelers and Magicians, 2002년)를 감독하기도 했다. 부처의 지혜를 공부하고 수행하는 기관이나 개인을 지원하기 위하여 2001년 설립한 비영리조직 〈켄체재단〉(www.khyentsefoundation.org)에 이 책의 수익금을 기부하고 있다.

옮긴이 이기화

1941년 생. 서울대학교 문리과대학 물리학과를 졸업하고, 미국 피츠버그대학교 대학원에서 이학박사를 취득했다. 캐나다 빅토리아 지구물리연구소 연구원을 역임하고, 1978년 서울대학교 지구물리학과 교수로 부임하였다. 대한지구물리학회회장을 역임하고 현재 서울대학교 명예교수이며 〈법보신문〉 논설위원으로 글을 쓰고 있다. 40대에 불교를 만난 것이 큰 축복이었기에 2006년 정년 퇴임에 즈음하여 『운명을 바꾸는 법 – 정공법사의 요범사훈 강설』을 번역 출간하여 큰 반향을 불러일으켰다. 그 외 『왜 나무아미타불인가』를 번역하였다. 2013년 〈3.1문화상 학술상〉(자연과학 부문)을 수상하였으며, 수필집 『덧없음의 미학』을 출간하였다.

우리 모두는 부처다

What Makes You Not A Buddhist

우리 모두는 부처다

종사르 잠양 켄체 지음 · 이기화 옮김

Pensée
팡세

우리 모두는 부처다

2013년 7월 18일 초판 1쇄 발행
2014년 5월 3일 초판 2쇄 발행

지은이 종사르 잠양 켄체
옮긴이 이기화
펴낸이 박양숙

펴낸곳 도서출판 팡세
등록 2012년 8월 23일 / 제 2012-000046호
주소 120-856 서울시 마포구 포정로 222 B동107호
전화 02) 6339-2797 팩스 02) 333-2791
전자우편 pensee-pub@daum.net

제 판 문형사
인 쇄 대정인쇄
제 본 성문제책

ISBN 978-89-98762-02-5 03220

이 도서의 국립중앙도서관 출판시도서목록(CIP)은 서지정보유통지원시스템 홈페이지(http://seoji.nl.go.kr)와 국가자료공동목록시스템(http://www.nl.go.kr/kolisnet)에서 이용하실 수 있습니다. (CIP제어번호 : CIP2013010921)

인도의 왕자에게

그가 없었다면 나는 아직도
방랑자임을 몰랐을 것이다.

옮긴이의 말

가끔 친지들로부터 괜찮은 불교 입문서를 소개해 달라고 부탁받곤 한다. 많은 불교 서적이 출판되어 있지만 아직 과문한 탓인지 딱히 추천할 만한 책을 고르는 데 어려움이 많았다. 서점에 있는 불교 서적들은 경전 해설이나 선불교 등 불교의 특수한 분야를 다룬 것이 아니면 불교 수상집이라고 할 만한 것들이 대부분이기 때문이다.

이 책은 서구인들에게 불교의 요지를 소개하고자 하는 저자, 켄체의 욕구에서 출발했다. 켄체는 현재 세계적으로 활발하게 불교 포교와 교육 활동을 벌이고 있는 창조적이고 개혁적인 티베트 불교 스승의 한 사람이다. 그는 재능이 많아 영화도 제작하고, 글도 쓰고, 예술 활동도 펼치는 등 다방면에서 활동하고 있다. 이렇듯 수많은 세계인들과 접촉해 온 켄체가 불교를 알고 싶어 하는 비불교 국가의 사람들에게 불교의 핵심을 이해하기 쉽게 설명해 주는 입문서의 필요성을 절감하였으리라는 것은 쉽게 짐작할 수 있다.

불교에는 8만 4,000의 법문이 있다고 한다. 불교에는 왜 그렇게 많은 경전이 있을까? 이는 각기 다른 수많은 중생들을 제도하고자 하는 부처님의 자비심에서 비롯한 것이다. 중생들은 모두 고통을 당하고 있다는 점에서는 동일하다. 그 고통은 모두 몸과 마음의 병에서 비롯한 것이다. 그렇지만 중생들의 병은 처해 있는 상황이 다른 만큼 모두 다르기 때문에 이를 치료하는 처방도 각기 달라야 한다. 그러니까 8만 4,000의 법문은 그 다양한 처방들이라고 할 수 있다. 그러나 각기 다른 이 처방들을 관통하는 기본 진리가 네 가지 있다. 이는 '사법인(四法印)'이라고 불리는데 어떤 가르침이 진정한 불교인가를 판정하는 근본적인 기준이 된다.

이 책에서 켄체는 불교의 핵심 진리인 사법인을 현대인들이 이해하기 쉽도록 해설하였다. 그는 싯다르타가 죽음의 문제를 해결하기 위해 출가한 후 깨달음에 이르는 과정과 연관하여 사법인을 고전적·현대적 비유와 일화를 들어 적절히 해설하려고 노력하였다. 사법인의 명칭도 현대인에게 더 설득력이 있도록 표현했다. 즉 '모든 것은 덧없다'〔諸行無常印〕는 '모든 합성된 것은 덧없다'로, '모든 것이 괴로움이다'〔一切皆

苦印〕는 '모든 감정은 고통이다'로, '모든 것에는 자아가 없다'〔諸法無我印〕는 '모든 것에는 본래의 실체가 없다'로, '모든 번뇌가 사라진 것이 열반이다'〔涅槃寂靜印〕는 '열반은 개념을 초월한다'로 바꾸어 설명했다. 이러한 표현은 불교의 기초 교리를 이미 배운 사람들에게도 신선한 느낌을 주리라고 생각한다.

켄체가 이 책에서 강조하는 것은 진정한 불교인은 이 사법인을 인생에서 이해하고 실천하려고 노력하는 사람이지, 불교의 형식적인 측면에 충실한 사람이 아니라는 것이다. 어떤 사람이 절에 다니지 않아도 사법인을 진리로 인정하고, 그 가르침에 따르려고 노력한다면 그는 진정한 불교인이라고 볼 수 있다. 또 아무리 불교 의식에 적극적이라고 해도 사고와 행동이 사법인에 어긋난다면 불교인이 아니다. 켄체는 심지어 사회생활을 하는 데 불가피하다면 굳이 불교인이라고 내세울 필요도 없다고 주장한다. 단지 이 사법인을 진리로 삼아 생활에 실천하기만 하면 불교인이 되는 데는 아무 문제가 없다는 것이다.

우리같이 두터운 무명의 번뇌에 싸인 중생들이 사법인을 일상에서 완벽히 실천하기는 어려우리라고 생각한다. 그러나 이 기준들이 진리라는 견해가 가슴에 확실히 각인되면 사고와 행동이 자연히 그 기준에 부합하는 경우가 많아져 모르는 가운데 불교인의 수행을 하게 될 것이다. 때문에 진리에 대한 올바른 견해가 불교인의 수행을 이루는 팔정도의 으뜸이 된다. 켄체가 이 책에서 밝히고 있듯이 그저 문진처럼 조용히 앉아서 명상하는 것이 아니라 사법인을 의식 속에서 강화하는 것이라면 어떠한 형식이라도 다 불교인의 수행이 될 수 있다.

이 책에서 독자는 무상, 고통, 공, 열반에 대한 켄체의 해설을 즐겁게 읽으리라고 생각한다.

모든 것은 단독으로 존재하는 것이 아니고 다른 것들과의 합성으로 존재하는데 그 합성 성분이 끊임없이 변하므로 덧없다. 죽음은 이 변화의 한 순환이며 죽음을 피할 방법은 없다. 모든 것이 덧없다는 진리를 수용할 때 우리는 집착하지 않고, 소유나 부족함에 걸리지 않고, 충족한 삶을 살게 될 것이다. 켄체는 인생은 합성된 현상들의 커다란 대열이며 끝없는 변화이며 덧없는 경험들의 집합이라고 말한다.

모든 종류의 생명체에 한 가지 공통된 것은 고통을 원하지 않는다는 것이다. 그 고통의 뿌리는 하나의 오해, 즉 자아가 실재한다는 무지에서 비롯한다. 오해에서 비롯한 모든 감정은 결국 고통일 수밖에 없으며, 그 해결책은 감정에 대한 지각이다. 감정에 대한 각성을 유지함으로써 우리는 고통을 덜어 낼 수 있다. 근본적으로 욕망의 대상들이 합성된, 덧없는 현상임을 지각함으로써 우리는 고통으로부터 해탈할 수 있다고 켄체는 해설한다.

독립적이고 변화로부터 자유로운 것만이 진정으로 존재하는 것이다. 그러나 모든 것은 다른 것들과의 합성으로 이루어졌고, 그 성분들이 끊임없이 변하므로 진정으로 존재하는 것은 아무것도 없다. 우리는 그러한 덧없는 것들에 본래 존재하는 것처럼 이름을 붙이고 실재성을 부여하는 어리석은 짓을 하고 있을 뿐이다. 모든 것들이 본래의 실체가 없는 꿈과 환영 같은 것임을 받아들일 때 우리는 고통스러운 윤회의 순환을 벗어날 수 있다.

모든 존재의 궁극적 목표는 더할 수 없는 지극한 행복, 즉 지복이다. 지복은 모든 고통으로부터 해탈한 열반이며 거기에는 행복이나 불행 등 어떠한 개념도 존재하지 않는다. 이 열반이 우리의 본질이다. 모든 번뇌와 고통은 이 열반을 덮고 있는 때와도 같다. 이 번뇌와 고통은 합성된 현상일 뿐, 본질적으로는 덧없는 환영과 같음을 지각함으로써 우리는 우리의 본질인 열반의 상태로 되돌아올 수 있다. 열반은 어떠한 개념으로도 설명할 수 없는 초월적 상태이다.

열반, 즉 우리 본성의 한 특성은 사랑이다. 비록 사법인을 이해하지 못한다고 해도 남에 대한 사랑의 마음을 지닌다면 이 사랑이 폭풍우가 몰아치는 바다에서 안전한 곳을 가리키는 등대의 불빛과 같이 우리를 고통으로부터 지복의 열반으로 인도하는 등불이 된다고 켄체는 말한다. 또한 다른 사람들이 선하다는 것을 인정하기만 해도 깨달음의 길에서 벗어나지 않는다고 말한다. 남을 해치는 어떠한 행동도 불교의 가르침에 어긋나므로 불교인이라면 그러한 사람을 적극적으로 만류해야 한다.

켄체가 이 책에서 풀어내고 있는 부처님의 네 가지 진리는 극심한 생존 경쟁의 세계에서 이기적인 인간이 되어 버린 우리에게, 그 때문에 빚어지는 전쟁과 가난의 고통에 신음하는 우리에게 꼭 필요한 죽비소리다.

차 례

넷째 장 | 열반은 개념을 초월한다_ 153

마치며 | 당신은 불교인이 아니다_ 191

시작하며

내가 믿지 않는 부처님

언젠가 대서양을 횡단하는 비행기를 탔을 때의 일이다. 이해심 많아 보이는 사람이 옆자리에 앉았는데 내게 꽤 친절했다. 삭발한 머리와 승복 차림을 한 내가 불교인이라고 생각했던지 식사가 제공될 때 나를 배려하여 채식주의 음식을 주문해 주겠다고 했다. 이렇게 해서 우리의 대화는 시작되었다. 긴 비행시간의 지루함을 달래려고 우리는 불교에 관해 이야기를 나누었다.

시간이 지나면서 나는 사람들이 불교와 불교인들을 평화와 명상 그리고 비폭력과 연관시키는 일이 많다는 것을 알게 되었다. 실제로 많은 사람들이 승복을 입고 평온한 미소만 띠우면 불교인이 되는 것으로 생각하는 것 같다. 나도 열렬한 불교인으로서 이러한 평판, 특히 비폭력적인 측면에 대해서는 자부심을 느낀다. 전쟁과 폭력, 특히 종교적인 폭력의 시대에 이런 평판을 받기란 드문 일이기 때문이다. 인류 역사를 보면 종교가 폭력을 낳는 것 같다. 오늘날에도 종교적 극단주의자들의 폭력이 뉴스를 지배한다. 그럼에도 나는 지금까지 우리 불교인들이 창피한 일을 하지 않았다고 자신 있게 말할 수 있다. 불교 전파에서 폭력은 어떠한 역할도 하지 않았기 때문이다. 그러나 수행 불교인으로서 나는 불교가 단지 채식주의, 비폭력, 평화, 명상으로만 연상되는 것을 다소 불만스럽게 생각한다. 인도의 왕자가 안락하고 호화로운 왕궁의 모든 생활을 포기하고 깨달음을 찾기 위해 출가했을 때는 무저항과 관목 숲 이상의 그 무엇인가를 찾고 있었음에 틀림없다.

불교는 본질적으로는 매우 단순하지만 쉽게 설명하기가 어렵다. 불교는 상상할 수 없을 정도로 복잡하고, 광범하고 그리고 심오하다. 비종교적이고 비유신론적이지만, 불교를 이론적이고 종교적이지 않은 것으로 제시하기는 어렵다. 전 세계 여러 지역에 전파되면서 축적한 문화적 특성들은 불교를 더욱 복잡하고 해독하기 어려운 것으로 만들었다. 종, 향, 불상 같은 유신론적 장식물은 주의를 끌기도 하겠지만, 장애가 될 수도 있다. 사람들은 결국 그것들이 불교의 전부인 줄 생각하고 불교의 본질로부터는 벗어나기 때문이다.

때로 싯다르타의 가르침이 내 기호에 잘 맞지 않는다는 낙담에서, 때로 야심 때문에 불교를 더욱 쉬운 것으로, 즉 더욱 단순하고 더욱 청교도적인 것으로 개혁하고 싶다는 생각을 할 때도 있었다. (내가 가끔 그러는 것처럼) 불교를 하루 세 번 명상을 하는 한정되고 계획적인 수행으로 단순화하거나, 옷차림에 집착하거나, 전 세계가 불교로 개종되어야 한다는 것과 같은 어떤 이념적 신앙을 갖는 것은 비뚤어지고 오도된 생각이다. 그러한 수행이 직접적이고 구체적인 결과를 가져올 수 있다면, 세상엔 지금보다 더 많은 불교인이 있을 것이다. 그러나 (내가 어쩌다 그러는 것처럼) 이러한 환상에서 깨어나면, 나의 멀쩡한 마음은 자신을 불교인이라고 부르는 사람들의 세상이 반드시 더 좋은 세상은 아니라고 경고한다.

많은 사람들이 부처를 불교의 '신'이라 잘못 생각하고 있다. 심지어 불교에 대해 잘 아는 한국이나 일본, 부탄의 일부 사람들도 부처와 불교에 대해 이러한 유신론적 접근을 하고 있다. 그렇기 때문에 이 책에서는 부처와 싯다르타의 이름을 차이를 두지 않고 교대로 사용하여 부처가 사람이었으며, 바로 이 사람이 부처가 된 것임을 상기시키고자 한다.

일부 사람들이 불교인을 외면적으로는 부처라 불리는 사람을 따르는 신자라고 생각하는 것은 이해할 수 있다. 그러나 부처는 특정한 사람보다는 그가 가르치는 지혜를 더 존중해야 한다고 말했다. 환생과 업이 불교의 가장 중요한 신앙이라는 인식도 마찬가지의 경우다. 이외에도 오해는 많다. 티베트 불교는 때로 '라마교'로 불리고, 어떤 경우에 선불교는 불교로 간주되지도 않는다. 조금 더 많이 알고는 있지만 여전히 잘못 이해하고 있는 사람들은 '공'과 '열반'을 그 의미도 모르고 사용하고 있다.

비행기 내 옆자리 승객과 같은 사람들과 대화를 나누다 보면 때때로 이런 질문을 받는다. "무엇이 어떤 사람을 불교인으로 만드나요?" 이것이야말로 가장 대답하기 어려운 질문이다. 만약 그 사람의 관심이 진심이라면, 저녁식사의 가벼운 대화로는 완전한 대답을 줄 수 없을 뿐 아니라, 그런 대화에서 비롯될 법한 일반화는 오해를 불러올 수도 있다. 이런 사람들에게 진정한 대답, 이 2,500여 년 된 전통의 토대를 짚어 주는 대답을 준다고 가정해 보면, 다음 네 가지 진리를 수용하는 사람은 불교인이라 할 수 있다.

모든 합성된 것은 덧없다.
모든 감정은 고통이다.
모든 것에는 본래의 실체가 없다.
열반은 개념을 초월한다.

부처가 말한 이 네 가지 선언은 '사법인'으로 알려져 있다. 도장을 뜻하는 '인(印)'은 진정성을 확인하는 품질증명서와 같다. 사람들은 사법인이 불교의 모든 것을 포함한다고 믿고는 있지만, 이에 대하여 알려고 들지 않는 것 같다. 추가 설명을 하지 않는 한 사법인은 대부분의 경우 듣는 이의 기만 꺾어 놓고 더 이상의 흥미를 불러일으키지 못한다. 대화의 주제는 바뀌고 그것으로 끝이다.

사법인이 주는 메시지는 은유적이거나 신비적인 방식이 아니라 문자 그대로 이해하고 심각하게 받아들여야 한다. 그러나 사법인은 칙령이나 명령이 아니다. 조금만 잘 생각해 보면 거기에는 도덕적이거나 의식적인 것이 전혀 없음을 알 수 있다. 즉 좋거나 나쁜 행동에 관한 언급이 없다. 사법인은 지혜에 기반을 둔 세속적인 진리이고, 지혜야말로 불교인의 주된 관심사이다. 도덕이나 윤리는 부차적인 것이다. 담배를 몇 모금 뿜어 대거나 조금 빈둥거리며 논다고 해서 불교인이 될 수 없다는 법은 없다. 그렇다고 사악하거나 비도덕적이어도 좋다는 것은 아니다.

넓게 말해서 지혜는, 이른바 불교인이 말하는 '바른 견해'〔정견(正見)〕에서 나온다. 그러나 바른 견해를 가지기 위해서 굳이 불교인이 되어야 한다고 생각할 필요는 없다. 궁극적으로 이 견해가 우리의 동기와 행동을 결정하고, 우리를 부처의 길로 인도한다. 네 개의 인에 추가하여 건전한 행동을 한다면 더 진실한 불교인이 될 것이다. 그렇다면 무엇이 당신을 불교인이 되지 못하게 하는가?

> 합성되었거나 만들어진 모든 것들이 영원히 지속하지 않음을 인정할 수 없다면, 본질적으로 영원히 지속하는 어떤 물체나 개념이 있다고 믿는다면, 당신은 불교인이 아니다.
>
> 모든 감정이 고통임을 인정할 수 없다면, 실제로 어떤 감정들은 순전히 즐거운 것이라고 믿는다면, 당신은 불교인이 아니다.
>
> 모든 현상이 환영(幻影)이고 비어 있는 것임을 인정할 수 없다면, 어떤 것들에 본래의 실체가 있다고 믿는다면, 당신은 불교인이 아니다.
>
> 그리고 깨달음이 시간, 공간과 능력의 영역 안에 존재한다고 생각한다면, 당신은 불교인이 아니다.

그렇다면 무엇이 당신을 불교인으로 만드는가? 당신은 불교 국가나 불교 가정에서 태어나지 않았을지도 모르고, 승복을 걸치지 않고 삭발하지 않았을지도 모르고, 고기를 먹을지도 모르고, 에미넴이나 패리스 힐튼을 우상으로 삼고 있는지도 모른다. 그렇다고 해서 당신이 불교인이 될 수 없는 것은 아니다.

불교인이 되기 위해서는 모든 합성된 것은 덧없고, 모든 감정은 고통이고, 모든 것에는 본래의 실체가 없고, 열반은 개념을 초월한다는 것을 인정해야 한다.

끊임없이 언제나 이 네 진리를 생각할 필요는 없다. 그러나 네 진리는 당신의 마음속에 머물러 있어야 한다. 자기 이름을 항상 기억하면서 걸어 다니지 않아도 누가 당신의 이름을 부르면 즉시 알아채는 것처럼.

이 네 개의 인을 인정하는 사람은 비록 그가 부처님의 가르침을 몰랐더라도, 석가모니의 이름을 들어보지 못했더라도 부처님과 같은 길 위에 있다고 볼 수 있다.

내가 이 모든 것을 옆 사람에게 애써 설명하는데 부드럽게 코를 고는 소리가 들리기 시작했다. 쳐다보니 그는 깊은 잠에 빠져 있었다. 우리의 대화가 그의 지루함을 없애 주지 못했던 모양이다.

나는 개념화하는 것을 즐긴다. 여러분은 이 책을 읽어 나가면서 수많은 개념들을 만나게 될 것이다. 나는 개념 없이는 우리 인간들이 의사를 소통할 방법이 별로 없다고 생각하면서 내 자신을 합리화한다. 이 자체가 또 하나의 개념화이다.

이 책을 쓰면서 내가 의도하는 바는 사람들로 하여금 석가모니 부처님을 따라서 불교인이 되고 불교의 가르침을 수행하라고 설득하는 것이 아니다. 나는 일부러 명상 기법이나 수행, 또는 만트라〔眞言〕를 언급하지 않았다. 내 의도는 다른 견해들과 차이가 나는 불교의 독특한 부분을 지적하는 것이다. 이 인도의 왕자가 말한 무엇이 현대의 과학자 아인슈타인 같은 사람들로부터 그렇게 많은 존경과 찬탄을 불러왔을까? 그가 말한 무엇이 수천 명의 순례자들로 하여금 오체투지하면서 티베트에서 보드가야까지의 멀고 먼 길을 가게 할까? 무엇이 불교를 다른 종교들과 다르게 만드는 것일까? 나는 그 요점이 사법인에 있다고 믿고, 내가 사용할 수 있는 가장 쉬운 언어로 이 어려운 개념들을 설명하고자 한다.

싯다르타의 뛰어난 점은 문제의 근원까지 다가선 데 있다. 불교에는 문화적 제약이 없다. 불교가 주는 혜택은 어느 특정한 사회에 제한되지 않는다. 또한 정부나 정치와는 무관하다. 싯다르타는 학술적인 논술이나 과학적으로 증명할 수 있는 문제들에는 관심이 없었다. 지구가 둥근가 아닌가는 그의 관심사가 아니었다. 그에게는 다른 종류의 실재가 있었다. 싯다르타는 고통의 근원에 이르고 싶었다. 나는 그의 가르침이 지적이고 숭고한 철학으로서 한 번 읽고 처박아 두는 것이 아니라, 모든 사람들이 각기 실행할 수 있는 기능적이고 논리적인 견해임을 보여주고 싶다. 이를 위해 인생의 모든 영역에서, 우리가 알고 있는 낭만적인 사랑에서부터 문명의 출현까지 적절한 예를 들려고 노력했다. 이러한 예들이 싯다르타가 이용한 예들과는 다르지만 싯다르타의 메시지는 오늘날에도 여전히 유효하다.

그러나 싯다르타는 아무런 분석도 없이 자신의 메시지를 당연한 것으로 받아들이지 말라고 말했다. 따라서 분명히 나와 같은 보통사람은 검증되어야 한다. 그러니 여러분은 앞으로 읽어 나갈 글 속에서 발견한 것들을 분석해 보기 바란다.

첫째 장

모든 합성된 것은 덧없다

부처는 천상의 존재가 아니었다. 그는 한 명의 인간이었다. 그러나 그냥 단순한 사람은 아니었다. 왜냐하면 왕자였기 때문이다. 그의 이름은 싯다르타 고타마였고, 카필라바스투의 화려한 왕궁, 사랑하는 아내와 아들, 존경하는 부모, 충성스러운 신하, 공작새가 있는 화려한 정원과 아름다운 궁녀들을 둔 특권의 인생을 즐겼다. 아버지 숫도다나는 왕궁 안에서 아들의 모든 욕구가 충족되고 모든 바람이 이루어지도록 철저하게 보살펴 주었다. 싯다르타가 갓난아이였을 때, 한 점성술사가 이 왕자는 수행자가 될지도 모른다고 예언했기 때문이다. 숫도다나는 싯다르타에게 왕위를 넘기기로 결심했다.

왕궁 생활은 호사스럽고, 보호되고, 평화로웠다. 싯다르타는 가족들과 결코 다투지 않았다. 실제로 그는 가족을 매우 사랑했다. 한 사촌과 불편한 관계였던 적이 있던 것을 빼고는 모두와 사이좋게 지냈다.

나이가 들면서 싯다르타는 바깥 세상에 호기심을 갖기 시작했다. 간청을 이기지 못해 왕은 어느 날 아들이 왕궁 밖으로 산책을 나가도록 허용하며 마부인 찬나에게 왕자가 오직 아름답고 좋은 것만 보게 하라고 엄명을 내렸다. 왕자는 산과 강과 이 세상의 풍요로운 자연을 맘껏 즐겼다. 그러나 왕궁으로 돌아오는 길에 우연히 몹시 고통스러운 병으로 길가에서 신음하며 괴로워하는 농부와 마주쳤다. 이제까지 왕궁의 건장한 경호원과 여인 들에 둘러싸여 살아왔기 때문에 육체의 허약함에 충격을 받은 싯다르타는 무거운 마음으로 왕궁으로 돌아왔다.

시간이 지나면서 왕자는 정상으로 되돌아오는 듯했으나 또 산책을 나가고 싶어했다. 숫도다나는 마지못해 또 허락했다. 이번에 싯다르타는 이 빠진 늙은 할머니가 절뚝거리며 걷는 것을 보았고, 찬나에게 즉시 멈추라고 명령했다.

"왜 저 사람은 저렇게 걷는가?"

"늙어서 그렇습니다."

"늙었다는 것은 무엇인가?"

"몸의 성분이 오랜 시간 사용되어 닳아 버린 것입니다."

이에 충격을 받은 싯다르타는 찬나에게 마차를 왕궁으로

돌리라고 했다.

싯다르타의 호기심은 이제 더욱 커졌다. 바깥 세상에는 그 밖에도 다른 무엇이 있을까? 그래서 그는 찬나와 함께 세 번째로 왕궁 밖에 나가 그 지역의 산과 강의 아름다운 풍광을 즐겼다. 그러나 왕궁으로 돌아오는 길에 바싹 마른 시체를 탈 것에 실어 나르는 네 명의 상여꾼을 보았다. 싯다르타는 이런 광경을 결코 본 적이 없었다. 찬나는 그 허약한 사람이 죽은 것이라고 설명했다.

"다른 사람들도 죽는가?"

"그렇습니다. 모두 다 죽습니다."

"내 아버지도? 내 아들도?"

"그렇습니다. 부자건 가난하건, 신분이 높건 낮건, 아무도 죽음을 피할 수는 없습니다. 그것이 이 세상에 태어난 모든 사람의 운명입니다."

여러분들은 이 이야기를 듣고, 싯다르타가 놀랄 만큼 단순한 사람이라고 생각할지 모른다. 온 나라를 통치하도록 키워진 왕자가 이렇게 단순한 질문을 한다는 것이 이상해 보일지 모른다. 그러나 순진한 것은 바로 우리다. 이 정보의 시대에 우리는 투우, 잔인한 살인 등 파멸과 죽음의 이미지들에 에워싸여 있다. 그러나 이러한 이미지들은 우리의 운명을 일깨워 주지 않는다. 죽음은 상품이 되고 말았다.

우리는 대부분 죽음의 본질을 깊은 차원에서 생각하지 않는다. 우리의 몸과 환경이 아주 조그만 자극에도 떨어져 나가 버리는 불안정한 요소로 되어 있음을 모르고 있다. 물론 언젠가 죽으리라는 것을 알고는 있다. 그러나 대부분은 치명적인 병에 걸렸다고 진단을 받지 않는 한 당분간 아무 일도 없으리라고 생각한다. 드물게 죽음을 생각하는 경우에도 '얼마나 많이 상속할 것인가' '내 재를 어디에 뿌릴 것인가' 등을 궁금하게 생각할 뿐이다. 이러한 의미에서 우리는 단순하다.

세 번째 외출에서 돌아온 후 싯다르타는 자신은 신하들, 부모님 그리고 무엇보다도 사랑하는 아내 야쇼다라와 아들 라훌라를 불가피한 죽음으로부터 보호할 수 없을 만큼 무력하다는 것에 진정으로 낙담했다. 그는 가난이나 배고픔이나 집 없이 사는 것 같은 불행을 막을 수단은 갖고 있으나, 늙어 죽어가는 것에서 가족을 지킬 수는 없었다. 이런 생각에 몰두하던 싯다르타는 죽음의 문제를 부모님과 토론해 보려고 했다. 자신은 이론적 딜레마라고 생각하는 문제에 왕자가 그렇게 깊이 빠져 있는 것에 숫도다나 왕이 느꼈을 당혹감은 이해할 만하다. 숫도다나는 아들이 점차 점성술사가 예언한 대로 정당하게 왕국의 계승자가 되는 길 대신에 수행자의 길을 택할지 모른다고 걱정하기 시작했다. 당시에는 특권을 가진 부유한 힌두 사람이 수도자가 된다는 것은 듣도 보도 못한 일이었다. 겉으로는 싯다르타의 고민을 무시하려고 했으나 숫도다나는 그 예언을 떨쳐 버리지는 못했다.

그것은 그저 지나가는 한때의 우울한 생각이 아니었다. 싯다르타는 괴로워했다. 왕자가 더 깊은 좌절에 빠지지 않도록 하기 위해 숫도다나는 그에게 다시는 왕궁을 떠나지 말라고 말하고, 시종들에게는 왕자를 잘 감시하라고 비밀히 지시했다. 걱정하는 여느 아버지처럼 숫도다나는 왕자가 더 이상 파멸과 죽음의 증거를 볼 수 없도록 하여 사태를 수습하려고 최선을 다했다.

_영원히 행복한 삶이란 환상이다

여러 면에서 우리는 숫도다나와 같다. 일상생활에서 우리는 자신이나 다른 사람들을 진리로부터 차단하려는 욕구를 가지고 있다. 우리는 쇠약해져 가는 명백한 징후에 무감각해져 버렸다. '그런 것은 깊이 생각하지 말자' 따위의 긍정적인 단언을 하면서 스스로를 격려한다. 생일날 촛불을 끄며 축하하지만 꺼진 촛불들이 우리가 죽음에 한 해 더 가까이 감을 의미하는 것은 무시한다. 새해가 되면 폭죽과 샴페인으로 축하하지만, 지난해는 되돌아오지 않으며 새해가 어떤 일이라도 일어날 수 있는 불확실성으로 가득 차 있다는 것을 잊고 있다.

그 '어떤 일'이 불쾌한 일이라면, 마치 딸랑이 장난감으로 갓난애의 관심을 딴 곳으로 돌리려는 어머니처럼 우리는 일부러 주의를 딴 데로 돌린다. 풀이 죽으면 쇼핑하러 가서 맛있는 것을 먹고 영화관에도 간다. 공상을 하고, 평생 동안 이루고 싶은 것을 바란다. 바닷가 별장, 기념 명판과 트로피, 조기 퇴직, 멋진 차, 좋은 가족과 친구들, 명예 등으로 기네스북에 오르기를 꿈꾼다. 인생의 후반에 같이 여행도 하고 순종의 푸들도 기를 수 있는 헌신적인 반려자를 원한다.

잡지와 TV는 끊임없이 우리를 함정에 빠뜨리는 새로운 환영을 만들어내 행복과 성공의 모델을 소개하며 부추긴다. 행복에 관한 이러한 관념들은 어른들의 딸랑이 장난감이다. 하루를 살면서 행동이나 생각으로 하는 일 중에 인생이 얼마나 부서지기 쉬운 것인가를 의식하는 일은 거의 없다. 우리는 멀티플렉스 영화관에서 나쁜 영화가 시작하길 기다리거나 TV의

리얼리티쇼를 보러 집으로 달려가면서 시간을 보내고 있는 셈이다. 광고를 보는 동안, 우리 인생은 썰물처럼 빠져나간다.

노년과 죽음을 흘끗 본 것에 불과했지만, 그것은 싯다르타의 마음속에 진리 전체를 보고 싶다는 갈망을 심기에는 충분했다. 세 번째 외출 후에 싯다르타는 혼자서 왕궁을 빠져나가려고 몇 번 시도했으나 번번이 실패했다. 그러나 어느 놀라운 밤, 여느 때처럼 연회와 흥청거림이 끝나자 어떤 신비로운 마력이 왕궁을 휩쓸어 싯다르타를 제외한 모든 사람들을 무력하게 만들었다. 그는 왕궁 안을 걸어 다니다 숫도다나 왕부터 가장 미천한 종들까지 모두 깊이 잠들었음을 발견했다. 불교인들은 이 집단적 수면이 모든 인류의 공덕에 의한 것임을 알고 있다. 왜냐하면 그것은 위대한 존재의 탄생을 촉진한 사건이었기 때문이다.

왕족들을 즐겁게 해야 할 필요가 없어진 궁녀들은 사지를 벌리고 보석을 낀 손가락은 카레 요리 속에 빠뜨린 채 입을 벌리고 코를 골고 있었다. 구겨진 꽃처럼 궁녀들은 아름다움을 잃어버렸다. 싯다르타는 정돈하려고 서두르지 않았다. 그는 단지 결심을 굳혔을 뿐이다. 궁녀들이 아름다움을 잃어버린 것은 단지 또 다른 덧없음의 증거일 뿐이었다. 그들이 잠에 빠져 있을 때, 왕자는 마침내 들키지 않고 떠날 수가 있었다. 마지막으로 야쇼다라와 라훌라를 한 번 본 후 그는 밤 속으로 걸어 들어갔다.

여러 면에서 우리는 싯다르타와 비슷하다. 우리가 공작새를 가진 왕자는 아닐지라도 우리에게는 직업과 애완 고양이와 많은 책무가 있다. 한 칸짜리 셋방이건, 호화로운 펜트하우스이건 간에 우리에게는 자신만의 왕궁이 있다. 그리고 우리만의 야쇼다라와 라훌라가 있다. 그리고 항상 사고가 일어난다. 가구가 파손되고, 이웃과 분쟁에 휘말리고, 지붕에 빗물이 샌다. 사랑하는 사람들이 죽거나 아침에 깨어나기 전에 싯다르타의 궁녀들처럼 잠에 빠져 아름다움을 잃고 죽은 것처럼 보일지 모른다. 깨어나면 담배 냄새나 지난밤의 마늘 양념 냄새를 풍기고, 잔소리하며, 쩝쩝거리고 음식을 먹어 댄다. 그래도 우리는 기꺼이 곁에 붙어서 그들로부터 탈출하려고 하지 않는다. 그것이 역겨워지면 '이제 그만'이라 생각하고 관계를 끊은 후 다시 다른 사람과 새롭게 시작할 뿐이다. 우리는 결코 이 순환에 싫증 내지 않는다. 왜냐하면 완벽한 영혼의 반려나 흠 없는 이상향이 저곳에서 우리를 기다리고 있다고 바라며 믿고 있기 때문이다. 매일 일이 생겨도 그걸 바로잡을 수 있다고 생각한다. 모두 고칠 수 있다. 이빨은 닦을 수 있고, 몸은 건강해질 수 있다.

우리는 살아가면서 배운 교훈들에 의해 언젠가 완전히 성숙해지리라고 생각하는지도 모른다. 우리는 성숙이라는 것이 쇠약해짐의 한 측면이라는 것을 깨닫지 못하고《스타워즈》의 요다처럼 늙은 현인이 될 것이라 기대하고 있는지도 모른다. 무의식적으로 더 이상 개선해야 할 필요가 없는 경지에 이르게 되리라는 기대감에 빠져 있는 것이다. 어느 날 '이제부터 영원히 행복한' 경지에 이르게 될 것이라고.

우리는 '해결'이라는 관념을 확신하고 있다. 지금까지 경험한 모든 것들, 이 순간까지 우리의 모든 삶이 연습 같다고 여긴다. 앞으로 위대한 성취를 이룰 것이므로 오늘만을 위해 사는 것은 아니라고 믿는다.

대부분의 사람들은 이 끝없는 노력, 재조정과 개선을 '생활'로 정의한다. 실제로 우리는 인생이 시작하기를 기다리고 있다. 괴로우면 대부분은 미래에 올 완성의 어떤 순간, 한적하고 아름다운 전원의 오두막집으로의 은퇴를 위해서 일하고 있음을 인정한다. 동양화에 나오는 이상적인 숲 속에 자리 잡아 폭포와 연못을 바라보는 정자에서 조용히 명상하며 사는 삶을 꿈꾸고 있음을.

우리는 죽은 뒤에도 세상이 그대로 지속되리라고 생각하는 경향이 있다. 여전히 태양은 빛나고 행성들은 회전할 것이다. 시간이 시작된 후로 그러했을 것이다. 우리의 자식들이 지구를 상속할 것이다. 이런 경향은 이 세계와 모든 현상들이 지속적으로 변하고 있음에 대하여 우리가 얼마나 무지한가를 보여준다. 자식이 꼭 부모보다 더 오래 사는 것은 아니고, 살아 있을 때에도 꼭 부모가 원하는 바를 따르는 것도 아니다. 당신들의 귀엽고 얌전한 꼬마가 자라서 코카인을 피우며 온갖 종류의 애인들을 집으로 불러들이는 악당이 될지도 모른다. 히피의 자녀가 신보수주의자가 되는 것처럼 세상에서 가장 올곧은 부모의 자식이 가장 방탕한 동성애자가 될지도 모른다. 그래도 우리는 가족의 전형에 집착하여 혈통을 유지하며 가문과 전통이 후손들에게 이어지기를 꿈꾸고 있다.

_진리를 찾는 일은 불편한 일이다

왕자가 가정에서의 책무를 저버린 것이 아님을 아는 것이 중요하다. 그는 유기농 공동체에 참여하거나 낭만적인 꿈을 추구하려고 징병을 기피한 것이 아니다. 싯다르타는 비록 가족들은 그렇게 생각하지 않았어도 그들을 위하여 필요한 귀중한 양식을 벌기 위하여 안락을 희생하는 지아비의 결의를 갖고 집을 떠났다. 우리는 다만 다음 날 아침 슛도다나의 슬픔과 실망을 상상할 수 있을 뿐이다. 마치 어느 날 갑자기 십대 자녀가 1960년대의 히피들(대부분 편안하고 잘사는 집안 출신이었다)처럼 유토피아의 꿈을 찾아 카트만두나 이비자로 달아난 것을 발견한 부모가 겪는 실망과 비슷했을 것이다. 판탈롱 바지를 입고, 귀를 뚫고, 자줏빛으로 머리를 염색하고, 문신을 하는 대신에 싯다르타는 왕자의 장신구들을 버림으로써 반항했다. 교육받은 귀족으로 보이게 하는 물건들은 다 버리고, 단 한 조각의 천으로 몸을 가린 그는 방랑하는 거지가 되었다.

사람을 그 됨됨이보다 재산으로 판단하는 데 익숙한 우리 사회라면 싯다르타가 왕궁에 머물러 특권을 누리며 그 가문을 유지하리라 기대했을 것이다. 우리 시대 성공의 모델은 빌 게이츠이다. 간디를 성공의 모델로 생각하는 경우는 드물다. 부모는 상식적인 범위를 넘어서까지 자녀들에게 학교 성적을 올리도록 압력을 가한다. 은행 고위직에 오르려면 아이비리그 학위가 필요하고, 아이비리그 대학에 입학하려면 좋은 성적을 내야 하기 때문이다. 가족이 그 왕국을 영원히 유지하려면 모든 것이 이래야만 한다.

당신의 아들이 죽음과 노년을 의식한 후 갑자기 수입이 좋은 훌륭한 직업을 버린다고 상상해 보자. 아들은 하루에 14

시간 일하며, 상관의 비위를 맞추고, 탐욕스럽게 경쟁자들을 집어 삼키고, 환경을 파괴하고, 아동 노동 착취를 조장해 왔다. 1년에 겨우 몇 주의 휴가를 얻으려고 끊임없는 긴장 속에 사는 것에 아들은 이제 더 이상 의미를 찾지 못한다. 그런 아들이 주식을 현금으로 바꾸어 모두 고아원에 기증하고 방랑자가 되고 싶다고 당신에게 말한다. 당신은 어떻게 할 것인가? 축복해 주고 친구들에게 아들이 마침내 정신을 차렸다고 자랑할 것인가? 아니면 무책임하다고 꾸짖고 정신과 의사에게 보낼 것인가?

늙어 죽는 것에 대한 단순한 혐오가 왕궁 생활에 등을 돌리고 미지의 세계로 뛰어들게 만드는 데 충분한 이유가 될 수는 없다. 싯다르타는 이제까지 태어난 그리고 앞으로 태어날 모든 존재의 숙명을 합리적으로 설명할 수 없었기 때문에 이러한 극적인 행동 속으로 끌려 들어간 것이다. 생겨난 것이 모두 쇠하여 없어진다면, 정원의 공작새, 보석, 덮개, 향, 음악, 실내화를 담고 있는 황금 상자, 유리 물병 그리고 야쇼다라, 라훌라, 가족과 나라와의 유대가 모두 의미를 잃어버린다. 이 모든 것의 목적이 무엇일까? 왜 정상적인 마음을 가진 사람이 결국 증발해 버리거나 버려질 것을 아는 어떤 것을 위하여 피를 흘리고 눈물을 뿌려야 하는가? 어떻게 그가 왕궁의 인위적인 축복 속에 머물 수 있겠는가?

싯다르타는 어디로 갈 것인가? 왕궁 안이든 밖이든 죽음을 피할 곳은 아무 데도 없다. 왕국의 부유함도 그의 목숨을 연장시킬 수 없다. 싯다르타는 불로장생을 추구할 것인가? 이것이 소용없다는 것을 우리는 알고 있다. 우리는 불사의 그리스 신들의 환상적인 신화, 불사의 영약을 담은 성배 이야기 그리고 청춘의 샘을 찾아 나선 정복자 후안 폰세 데 레온(Juan Ponce de Léon)의 실패담을 익히 알고 있다. 불로초를 찾으러 동남동녀의 사절단을 먼 나라로 보낸 중국의 전설적인 진시황의 이야기에는 실소를 금치 못한다.

싯다르타도 같은 것을 추구했으리라 생각할 수도 있다. 싯다르타가 다소 순진한 마음으로 왕궁을 떠난 것은 사실이다. 그러나 처자식을 영원히 살게 할 수는 없었어도 그의 추구가 헛된 것은 아니었다.

_변하지 않는 것은 없다

과학 도구 하나 없이 싯다르타 왕자는 보리수 아래 쿠사풀 위에 앉아 인간의 본질을 탐구했다. 오랜 기간 탐구한 후에 그는 우리의 살과 뼈를 포함하는 모든 형상과 우리의 모든 감정과 지각이 합성된 것임을 깨달았다. 이것들은 두 개나 세 개의 것들이 함께 모여 이루어진 것들이다. 두 개나 그 이상의 성분들이 함께 모이면, 새로운 현상이 생긴다. 못과 나무는 탁자가 되고, 물과 찻잎에서 차가 생기고, 공포·헌신·구원자에서 신이 생긴다. 마지막 산물은 그 부분들로부터 독립적인 존재가 되지 못한다. 그것이 실제로 독립적으로 존재한다고 믿는 것이 가장 큰 미혹이다. 그렇게 믿는 동안에도 부분들은 변한다. 만남으로 부분들의 특성도 바뀐다. 그리고 모두 합쳐지면 다른 어떤 것이 된다. 즉 다른 것으로 '합성'된다.

싯다르타는 이것이 단지 인간의 경험에만 적용되는 것이 아니라 모든 물질, 전 세계, 전 우주에 적용됨을 깨달았다. 모든 것은 서로 의존하고, 변하기 때문이다. 모든 창조물 중에서 독립적으로 영원히 순수한 상태로 존재하는 것은 단 하나도 없다. 당신이 들고 있는 책도, 원자도, 심지어 신까지도 그렇다. 어떤 것이 마음이나 상상 안에서만 존재하는 한, 그것은 다른 어떤 것의 존재에 의존한다. 이리하여 싯다르타는 덧없음이라는 것이 우리가 보통 생각하는 것처럼 죽음을 의미하는 것이 아니라 변화를 의미하는 것임을 깨달았다. 다른 것과의 관계에서 변하는 것은 무엇이건, 아무리 작은 변화라 할지라도 덧없음, 즉 무상의 법칙에 지배된다.

이러한 깨달음을 통해 싯다르타는 결국 죽음의 고통을 피해 가는 길을 찾았다. 그는 변화란 불가피하고 죽음은 단지 이 순환의 한 부분임을 받아들였다. 또한 죽음의 길을 거꾸로 할 수 있는 어떠한 전능한 존재도 없음을 깨달았다. 따라서 덫으로 싯다르타를 잡을 수 없다. 맹목적인 희망이 없다면, 실망도 없다. 모든 것이 덧없음을 안다면 집착하지 않고, 집착하지 않으면 소유한다거나 부족하다는 방식으로 생각하지 않으며, 따라서 충족한 삶을 살게 된다.

싯다르타가 영원의 환영에서 깨어났기 때문에 우리는 그를 부처, 즉 깨달은 사람이라고 부른다. 그로부터 2,500여 년이 지난 오늘날에도 그가 발견하여 가르친 것은 귀중한 보물로서 수백만의 사람들, 유식하건 무식하건, 부자건 가난하건, 아쇼카 왕에서 앨런 긴즈버그, 쿠빌라이 칸, 간디, 달라이 라마, 비스티 보이즈에 이르기까지 모두에게 영감을 주었다.

그러나 싯다르타가 오늘 여기에 있다면 매우 실망할 것이다. 그가 발견한 것이 대부분 사장되고 있기 때문이다. 현대의 기술이 너무 위대해서 싯다르타가 발견한 것이 거부되었다고 말하는 것이 아니다. 죽지 않는 사람은 없다. 누구든 언젠가 죽어야 한다. 지금도 대략 25만 명이 매일 죽는다고 추정된다. 우리와 가까운 사람들이 죽었고 또 죽을 것이다. 그래도 우리는 여전히 사랑하는 사람이 죽으면 충격을 받고 슬퍼하며, 청춘의 샘이나 장수를 위한 비밀의 처방을 찾는 일을 계속하고 있다. 건강식품, 레티놀 화장품, 요가 교실, 고려 인삼, 성형외과, 콜라겐 주사… 이러한 것들이 우리가 남모르게 진시황처럼 불사를 갈망하는 명백한 증거들이다.

싯다르타 왕자는 더 이상 불사의 영약을 필요로 하거나 원하지 않았다. 모든 것들이 합성되어 이루어졌고, 붕괴가 무한히 진행되고 있으며, 모든 창조물의 어떤 성분도 독자적으로, 영원히 순수한 상태로 존재하지 않음을 깨달음으로써 그는 해탈했다. 함께 모여 있는 어떤 것(우리는 지금 모든 것이 이런 상태라고 이해한다)과 그 덧없는 본성이 함께 하나로 결합되어 있다. 마치 물과 얼음 조각처럼. 얼음 조각을 음료수에 넣으면 두 개를 다 얻는다. 바로 이와 같이 싯다르타는 사람을 볼 때, 건강한 사람이라도 살아 있지만 동시에 붕괴되고 있는 사람으로 본 것이다. 이건 재미있게 사는 방법이 아니라고 생각할지 모른다. 그러나 두 가지 면을 볼 수 있다는 것은 놀라운 일이다. 이는 올라가고 내려가는 희망과 절망의 롤러코스터 같은 것이 아니다. 사물을 이렇게 봄으로써 주위의 모든 것을 해체할 수 있다. 현상에 대한 인식이 변하기 시작하는데, 어떤 면으로는 더욱 분명해진다. 사람들이 희망과 절망의 롤러코스터에 붙잡혀 있는 것을 쉽게 볼 수 있어 자연히 그들을 동정한다. 덧없음이 그렇게 명백함에도 사람들은 그것을 보지 못하고 있기 때문이다.

_오늘은 어제의 죽음이다

본질적으로 합성의 행위는 시간에 구속된다. 즉 시작과 중간 그리고 끝이 있다. 이 책은 예전에 없었으나 지금은 있는 것처럼 보이고, 결국은 산산조각이 날 것이다. 마찬가지로 어제 존재했던 자신은 오늘의 자신과는 다르다. 나빴던 기분이 좋아지고, 무언가를 배우고, 새로운 기억 거리도 생기고, 무릎에 긁힌 생채기가 조금 아물었다. 겉보기에 연속적으로 보이는 우리라는 존재는 시간에 구속된 처음과 끝의 연속이다. 심지어 창조 행위 그 자체도 시간을 필요로 한다. 창조의 시작과 중간, 그리고 끝이 있는 것이다.

전능한 신을 믿는 사람은 대개가 시간에 대한 그들의 개념을 분석하지 않는다. 신은 시간에 대하여 독립적이라고 가정하기 때문이다. 그러나 절대적으로 강력하고 전능한 창조자를 믿기 위해서는 시간의 요소를 감안해야 한다. 이 세계가 항상 존재해 온 것이라면 창조가 필요 없다. 따라서 세계가 창조된 것이라면 창조 이전의 일정 기간 세계는 존재하지 않았음에 틀림없다. 그렇기 때문에 일련의 시간이 요구된다. 창조자—신이라고 해두자—도 필연적으로 시간의 법칙에 따르므로 그 또한 변화해야 함에 틀림없다. 비록 그가 경험한 유일한 변화가 이 세계를 창조한 과정이라고 해도. 그러나 신의 행동이 처음과 끝을 갖는 것들의 집합인 한, 신은 덧없다. 다시 말해 불확실하고 믿을 수 없다.

종이가 없다면 책도 없다. 물이 없으면 얼음도 없다. 시작이 없으면 끝도 없다. 하나의 존재는 다른 존재에 깊이 의존한다. 따라서 진정한 독립 같은 것은 있을 수 없다. 이러한 상호 의존성 때문에 하나의 성분, 예를 들어 탁자의 다리 하나가 조금만 움직여도 본래의 모습 전체가 불안정해진다. 비록 우리는 변화를 통제할 수 있다고 생각해도, 대부분의 경우 보이지 않는 수많은 요인들이 있어 그것은 불가능하다. 이러한 상호 의존성 때문에 모든 것들이 현재 또는 원래의 상태로부터 붕괴하는 것이 불가피하다. 모든 변화는 그 속에 죽음의 요소를 포함한다. 오늘은 어제의 죽음이다.

사람들은 대부분 태어난 모든 것이 결국 죽는다는 것을 인정하지만, '모든 것'과 '죽음'에 대한 우리의 정의는 다를지 모른다. 싯다르타에게 '탄생'은 모든 창조물은 단지 꽃이나 버섯이나 사람뿐만이 아니라 어떤 방식으로든 태어나거나 합성되는 것을 모두 일컫는 말이다. 그리고 죽음은 모든 종류의 붕괴와 해체를 말한다. 싯다르타에게는 연구비 보조도, 조수도 없었다. 단지 뜨거운 인도의 먼지와 지나가는 몇 마리의 물소만이 그의 증인이었다. 그러한 환경에서 싯다르타는 무상의 진리를 심오한 수준에서 깨달았다. 그의 깨달음은 새로운 별을 발견한 것처럼 화려한 것도 아니었고, 도덕적 판단을 제안하거나 사회운동이나 종교를 일으키려는 의도를 가진 것도 아니었고, 예언도 아니었다. 덧없음은 그냥 세속적인 사실일 뿐이다. 오늘날에도 어떤 유해한 합성물이 영원히 변하지 않을 가능성은 거의 없다. 우리에게 이를 증명할 능력이 있을 가능성은 더욱 희박하다. 그럼에도 오늘날 우리는 부처를 신격화하거나 발달한 기술로 부처보다 더 지혜로워지려고 한다.

_세상일은 기대대로 되지 않는다

싯다르타가 왕궁 문밖으로 걸어 나간 지 2,538년이 지난 어느 날, 수백만 명의 사람들이 즐거워하며 축하하고 새로운 출발을 기대하고 누군가는 신을 기억하고 누군가는 할인 판매를 기다리는 한 해의 그때에, 지진해일의 대재앙이 지구를 뒤흔들었다. 냉정한 사람들마저 공포에 숨이 막혔다. TV에 사건이 보도됨에 따라 오손 웰스가 나타나 그것이 모두 조작된 이야기라고 말하거나, 스파이더맨이 사람들을 구하러 어디에선가 힘차게 나타나기를 바라기도 했다.

싯다르타가 바다로 휩쓸려 간 지진해일 피해자들을 보았더라면 틀림없이 가슴이 미어졌으리라. 그러나 그보다는 우리가 끊임없이 덧없음, 무상을 부인해 온 것의 반증으로 우리가 깜짝 놀랐다는 사실에 더욱 가슴이 미어졌으리라. 지구는 폭발하기 쉬운 마그마로 이루어져 있다. 모든 대륙 덩어리가 풀잎에서 떨어지려는 이슬방울과 같다. 그래도 마천루와 터널을 만드는 공사는 결코 중단되지 않는다. 일회용 젓가락과 우편물 쓰레기를 만들기 위하여 만족을 모르고 진행되는 산림 파괴는 무상을 더 빨리 진행할 뿐이다. 어떤 현상의 종말이 일어날 징조를 보는 것은 놀라운 일이 아니나, 우리는 쉽게 깨닫지 못한다.

지진해일과 같은 파괴적인 사건이 우리를 일깨워 준 후에도 죽음과 파괴는 곧 위장되고 잊혀진다. 이재민들이 사랑하는 사람의 시체를 확인한 바로 그 장소 위에 호화로운 호텔이 세워진다. 전 세계 사람들은 계속해서 영속적인 행복을 얻으리라는 희망으로 진실을 혼합하거나 날조하는 일에 열중한다. '항상 더욱 행복해지려는' 바람은 영원에 대한 욕망이 가장된 것에 지나지 않는다. '영원한 사랑' '영원한 행복' '구원' 같은 만들어진 개념은 무상에 대한 더 많은 증거를 낳는다. 우리가 의도하는 바는 결과와 일치하지 않는다. 우리는 자신과 세계를 세우려고 하지만, 창조가 이루어지자마자 붕괴가 시작됨을 잊고 있다. 우리가 목표한 것은 붕괴가 아니지만, 우리가 하는 일은 곧 붕괴로 이어진다.

부처는 최소한 무상의 개념을 마음속에 지녀 일부러 그걸 숨기지 않도록 노력해야 한다고 충고했다. 만들어진 현상임을 지속적으로 의식함으로써 상호 의존성을 의식하고, 상호 의존성을 깨달음으로써 무상을 깨닫게 된다. 그리고 모든 것이 덧없음을 기억함으로써 가정이나 (종교적이건 세속적이건 간에) 견고한 믿음, 가치 체계나 맹목적인 신앙 등의 노예가 될 가능성이 줄어든다. 이러한 각성이 모든 종류의 개인적·정치적 그리고 관계의 드라마에 빠지지 않도록 해준다.

우리가 세상일을 전적으로 통제할 수 없으며, 또 앞으로 결코 그렇게 될 수도 없음을 깨닫는다면 세상일이 우리의 희망이나 두려움대로 되리라는 기대는 하지 않으리라. 일이 잘못될 때, 아무도 비난할 사람이 없게 된다. 비난해야 할 원인과 조건이 무수히 많기 때문이다. 이러한 각성을 상상의 가장 먼 영역에서부터 원자 이하의 수준에까지 적용할 수 있다. 심지어 원자도 믿을 수 없다.

_규칙이 변하면 본질도 변한다

당신이 바로 지금 이 책을 읽으며 앉아 있는 지구는 유성과 부딪혀 부서지지 않았더라면 생명이 없는 화성과 같이 되고 말았을 것이다. 어느 날 초대형 화산 활동이 태양의 빛을 가려 지구상의 모든 생명체를 말살할지도 모른다. 우리가 낭만적으로 바라보는 밤하늘의 수많은 별들은 이미 오래전에 사라져 버렸다. 우리는 일백만 광년 전에 없어진 별들에서 나온 빛을 즐기고 있는 것이다. 이 허약한 지구의 표면 위에서 대륙들은 아직도 움직이고 있다. 지금 우리가 아메리카라 알고 있는 대륙도 3억 년 전에는 지질학자들이 '판게아'라고 부르는 단일한 초대륙의 일부였다.

그러나 변화를 보기 위해 3억 년까지 기다릴 필요는 없다. 짧은 일생 동안에도 우리는 제국의 거대한 구상이 뜨거운 모래 위의 물 얼룩처럼 사라져 버리는 것을 보았다. 인도는 자신의 깃발을 전 세계 여러 나라에서 휘날렸던 영국 여왕의 지배를 받았다. 그러나 오늘날 태양은 유니온 잭 위에서 '지지 않는다.' 우리가 스스로를 그토록 강력하게 동일시하는 소위 민족이나 종족은 항상 변하고 있다. 자신의 영토를 수백 년 동안 통치해 온 마오리와 나바호 같은 부족의 전사들이 현재에는 소수민족이 되어 좁은 보호지역에서 살고 있는 반면, 지난 250년 동안 유럽에서 이주해 간 사람들이 그 영토에서 지배적인 다수가 되었다. 중국의 한족은 만주인들을 '그들'이라고 했으나, 많은 소수 민족들을 포함하는 공화국을 이루기로 결정한 이후로는 '우리'라고 부른다.

그러나 이러한 끊임없는 변화에도 불구하고 강력한 국가, 국경, 사회를 세우기 위하여 생활과 자손을 희생하는 일은 중단되지 않았다. 지난 수세기 동안 정치 체제란 명목으로 얼마나 많은 피를 뿌려 왔던가? 각 체제는 불안정한 무수한 요소들, 즉 경제, 수확량, 개인적 야망, 지도자의 심혈관 상태, 사랑, 욕망, 운에 의하여 조합되고 형성된다. 전설적인 지도자들 또한 불안정했다. 빼끔담배로 지지를 잃기도 하고, 애매하게 기표된 표 덕분에 권력을 쥐기도 한다.

국제 관계 속에서 무상의 복잡성과 만들어진 모든 현상의 불안정성은 증가할 뿐이다. '동맹국'과 '적국'의 개념은 끊임없이 변한다. 한때는 미국이 '공산주의'라 불리는 적을 맹목적으로 매도한 적이 있었다. 위대한 영웅 체 게바라까지도 그가 어떤 특정 정당에 속하고 베레모에다 붉은 별을 달았기 때문에 테러리스트로 비난받았다. 그는 어쩌면 완전한 공산주의자가 아니었을지도 모른다. 수십 년이 지나자 미국의 백악관은 전쟁을 불사하던 일에 눈감아 버리고, '최혜국'의 지위를 부여하며 단일국으로는 최대의 공산주의 국가인 중국에 구애하고 있다.

찬나가 진리를 추구하는 싯다르타를 수행하겠다고 간청했을 때 싯다르타가 거절한 것은 적과 동지의 이 변덕스러운 특성 때문이었을 것이다. 가장 가까운 심복이자 친구도 변하게 마련이다. 개인적 관계에서 동맹의 변화를 경험하는 일이 종종 있다. 은밀한 비밀을 공유한 가장 친한 친구가 최악의 적이 될 수 있다. 그 비밀로 배신할 수 있기 때문이다. 부시 대통령, 오사마 빈 라덴, 사담 후세인은 공개적으로 지저분하고 요란하게 헤어졌다. 이 트리오는 오랫동안 안락한 관계를 유지해 왔으나, 이제는 불구대천 원수의 좋은 모델이 되었다. 상대방에 대한 은밀한 정보를 이용해 '도덕성'에 대한 각기 다른 견해를 강요하기 위하여 그들은 피비린내 나는 '성전'을 벌여 수천 명의 사람들을 죽였다.

자신의 원칙을 자랑스럽게 생각하고 타인에게 강요하는 일이 있기 때문에 도덕성에 관한 이러한 개념은 여전히 일말의 가치를 보유하고 있다. 그러나 '도덕성'에 대한 정의는 인류 역사를 통하여 그 시대의 시대정신을 좇아 변해 왔다. 무엇이 정치적으로 옳은지 옳지 않은지에 대해 미국이 보여주는 요동은 상상을 초월한다. 다양한 종족과 문화 집단에 대하여 누가 어떻게 말해도 불쾌하게 느끼는 사람이 있게 마련이다.

규칙은 항상 변한다. 어느 날 친구를 집에 초대했는데 그가 극단적인 채식주의자여서 그에 맞게 메뉴를 짠다. 그러나 다음에는 광적인 단백질 식이요법자로 변한 그 친구가 고기가 어디에 있는지 묻는 일도 있다. 또는 결혼 전에는 금욕을 옹호하던 사람이 결혼하여 성생활을 체험한 후 갑자기 호색한이 되기도 한다.

고대 아시아에서는 가슴을 내놓고 다니는 여인들을 그렸고, 일부 아시아 사회에서는 최근에도 여인들이 윗도리를 입지 않는다. 그런데 TV와 서양의 가치가 혼합된 현상들이 새로운 윤리를 들여 왔다. 갑자기 브래지어 없이 다니는 것이 도덕적으로 옳지 않게 되었다. 가슴을 가리지 않으면 천하게 여겨지고 심지어는 체포될 수도 있다. 한때 자유로운 정신의 나라들이 이제 이것저것 새로운 윤리를 채택하느라 바빠졌다. 너도나도 브래지어를 주문해서 무더운 한여름에도 될 수 있는 대로 가린다. 가슴은 본래 나쁜 것이 아니고 변하지도 않았지만, 가슴에 대한 규칙이 변한 것이다. 그 규칙이 가슴을 어떤 죄스러운 것으로 변화시켰고, 미국 연방통신위원회로 하여금 자넷 잭슨이 한쪽 가슴을 단 3초 노출시킨 것에 대해 CBS에게 55만 달러의 벌금을 물리게 만들었다.

_그래도 달걀은 삶아진다

싯다르타가 "모든 합성된 것들"이라고 말했을 때, 그는 DNA, 당신의 개, 에펠탑, 알이나 정충 같은 분명히 지각할 수 있는 것들 이상을 언급하고 있다. 마음, 시간, 기억과 신도 역시 합성된 것이다. 그리고 그 각 성분들 또한 여러 층의 합성에 의존한다. 마찬가지로 싯다르타가 무상을 가르쳤을 때, 그는 죽음은 한 번 일어나고 그것으로 끝난다는 관념과 같은 '마지막'에 대한 인습적인 생각을 초월했다. 죽음은 탄생의 순간부터, 창조의 순간부터 끊임없이 일어난다. 각각의 변화는 죽음의 한 형태이고, 따라서 각각의 탄생은 어떤 다른 것의 죽음을 포함한다.

달걀 삶는 것을 생각해 보자. 연속적인 변화 없이는 달걀이 삶아지는 일이 일어날 수 없다. 삶은 달걀이란 결과를 얻기 위해서는 몇몇 근본적인 원인과 조건이 필요하다. 우선 달걀, 냄비, 물 그리고 가열 장치가 필요하다. 거기에 부엌, 빛, 삶는 시간을 재는 시계, 달걀을 냄비 속에 집어넣을 손처럼 그렇게 중요하지는 않은 원인과 조건도 필요하다. 정전이 되거나, 고양이가 냄비를 뒤엎는 등의 방해 요인이 없어야 하는 것도 중요한 요건이다. 뿐만 아니라 각 조건은—예를 들어, 암탉과 같은—또 다른 조건과 원인 들의 집합을 필요로 한다. 그 암탉이 생겨나기 위해서는 다른 암탉이 알을 낳아야 하고, 부화를 위한 안전한 장소와 성장을 위한 먹이가 필요하다. 먹이는 다른 어떤 곳에서 자라 병아리에게로 와야 한다. 필수적이거나 그렇지 않거나 간에 모든 요건들은 형식, 모양, 기능, 명칭의 수가 끝없이 증가하며 원자 이하의 수준에 이를 때까지 열거될 수 있다.

모든 무수한 원인과 조건 들이 모이고 다른 장애나 방해가 없다면, 그 결과는 불가피하다. 많은 사람들이 이것을 운명이나 운으로 오해하고 있지만, 우리는 최소한 시작 단계에서 조건에 영향을 줄 수 있는 힘을 가지고 있다. 그러나 어떠한 지점에 이르면 달걀이 삶아지지 않기를 기도해도, 그것은 삶아진다.

달걀처럼 모든 현상은 무수한 성분의 산물이고, 따라서 변할 수 있다. 이러한 수많은 성분들을 전부 우리가 통제할 수는 없고, 이러한 까닭으로 우리의 기대는 실현되지 않는다. 가장 가망성 없던 후보가 대통령에 당선되어 국가를 번영으로 이끌지 모른다. 당신이 선거운동에 참여한 후보가 당선되어 국가를 경제적·사회적 파탄으로 이끌어 당신의 생활을 비참하게 만들지 모른다. 자유주의적인 좌파 정치를 진보한 정치라고 생각할지 모르나 실제로 자기만족에 도취되어 있거나 심지어 참을 수 없는 사람을 참도록 조장하거나 다른 사람들의 권리를 파괴하는 것이 유일한 목적인 사람들의 권리를 보호해서 파시즘과 보수주의의 빌미가 될지도 모른다. 마찬가지의 비예측성이 모든 형태, 느낌, 지각, 전통, 사랑, 믿음, 불신, 회의, 심지어 정신적 스승과 제자들의 관계 그리고 인간과 신의 관계에까지 적용된다.

이 모든 현상은 덧없다. 언젠가 캐나다에 회의주의자의 화신이라고 할 만한 사람이 있었다. 그는 불교 법회에 참석하여 강사들과 논쟁하기를 즐겼다. 실제로 불교철학에 박식한 그의 논리는 정연했다. 그는 불교의 가르침을 인용하여 부처의 말을 당연하게 받아들일 것이 아니라 분석해야 한다고 말하곤 했다. 몇 해 지나 이제 그는 어느 유명한 영매의 헌신적인 신봉자가 되었다. 그 지독한 회의주의자가 눈물을 강물처럼 쏟으며 단 한 조각의 논리도 제공할 수 없는 존재에 몰두하여 노래하는 구루 앞에 앉아 있는 것이다. 믿음이나 헌신은 일반적으로 확고부동의 의미를 지니지만, 회의주의나 다른 모든 합성된 현상처럼 그도 역시 덧없다.

자신이 속한 종교를, 아니면 어떤 종교에도 속하지 않는 것을 자랑하더라도, 믿음은 당신의 실존에 중요한 역할을 한다. '믿지 않는 것'도 믿음을 요구하며, 그 믿음은 항상 변하는 느낌에 근거한 자신의 논리나 이성에 대해 전폭적이고 맹목적인 것이다. 따라서 전에 그렇게 수긍이 갔던 것이 더 이상 우리를 설득하지 못하는 것은 놀라운 일이 아니다.

믿음의 비논리적 특성은 전혀 난해한 것이 아니다. 실제로 그것은 가장 많이 합성된 상호 의존적인 현상의 하나이다. 믿음은 적당한 장소에서 적당한 때에 적당한 관찰에 의하여 생겨날 수 있다.

믿음은 표면적인 양립성에 의존할 수 있다. 가령 당신이 여성차별주의자인데 여성에 대한 적개심을 설교하는 어떤 사람을 만났다고 하자. 그 사람의 말이 설득력 있다고 생각하여 그와 의견을 같이하고, 그에게 약간의 믿음을 갖게 된다. 멸치를 좋아하는 게 같다는 사소한 사실들이 그에게 더욱 헌신하게 만든다. 또는 어떤 사람이나 기관이 미지의 것에 대한 당신의 두려움을 줄여 주는 능력을 갖고 있을지 모른다. 가족이나 국가 또는 당신이 태어난 사회와 같은 요인들이 모두 우리가 믿음이라고 부르는 것을 만드는 요소들이다.

한국, 부탄, 일본, 태국같이 불교인들이 주류를 이루는 나라의 국민들은 맹목적으로 불교의 교의를 따르는 경향이 있다. 하지만 이들 나라의 많은 젊은이들은 충분한 정보가 없고, 믿음의 현상이 고정되기에는 너무나 많은 오락거리가 있어 불교에 환멸을 느끼고 결국 다른 신앙을 가지거나 자신의 이성을 따르게 될지 모른다.

_무상은 우리를 자유롭게 한다

합성의 개념을 이해하여 심지어 단 하나의 달걀을 삶는 데에도 이렇게 많은 현상들이 관여하는지 깨닫게 된다면 많은 이득을 본다. 모든 현상과 상황의 합성 성분들을 볼 줄 알게 되면 우리들은 용서하고 이해하는 넓은 마음과 두려움 없는 마음을 얻을 수 있다. 예를 들어, 어떤 사람들은 아직도 마크 채프먼을 존 레논의 단독 살인범으로 지목한다. 그러나 우리가 그렇게 대단하게 숭배하지 않았더라면, 채프먼은 존 레논을 죽이려는 환상을 갖지 않았을 것이다. 그 사건이 일어나고 20년 후에 채프먼은 존 레논을 쏘았을 때 그를 실제 인간으로 보지 않았다고 고백했다. 그의 불안정한 정신 상태는 수많은 합성 요소들(뇌의 화학물질, 양육 과정, 미국의 정신 건강 보호 체제 등)에 기인한다. 병들고 고통받는 마음이 어떻게 합성되었는가를 알고, 그것이 작용하는 조건들을 알게 되면, 이 세계의 채프먼들을 더 잘 이해하고 용서할 수 있을 것이다. 삶은 달걀의 경우처럼 암살이 일어나지 않도록 기도해도, 그 일은 불가피한 것이다.

그러나 비록 이렇게 이해한다 해도 그 불예측성 때문에 아마도 채프먼을 두려워하게 될 것이다. 두려움과 불안이 인간 마음의 지배적인 심리 상태이다. 두려움의 배후에는 확실성에 대한 끝없는 동경이 있다. 우리는 모르는 것을 두려워한다. 확인하고 싶은 갈망은 무상에 대한 우리의 두려움 속에 그 뿌리를 두고 있다.

두려움 없음은 불확실성을 인정하고, 이러한 상호 연결된 성분들이 영원히 정적인 상태로 머물 수 없는 것을 믿을 때 얻을 수 있는 상태다. 아주 진정한 의미에서 최선의 일이 일어나는 것을 허용하되 최악의 일에 대비하고 있는 자신을 발견할 수 있을 것이다. 그런 당신은 위엄 있고 장엄하다. 이러한 품성이 일하고, 투쟁하고, 평화를 이루고, 가족을 만들고, 사랑과 개인적 관계를 즐길 수 있는 능력을 향상시킨다. 모퉁이를 돌아서면 무엇인가가 기다리고 있음을 알게 되는 순간부터 앞으로 무수한 가능성이 있음을 수용하게 됨으로써 당신은 편협하지 않고 준비된, 재능 있는 장군처럼 광범위한 각성과 선견을 얻는 능력을 획득하게 될 것이다.

싯다르타에게 무상이 없다면 더 좋은 것을 위한 진보도 변화도 없다. 아기 코끼리 덤보는 이것을 깨달았다. 어릴 때 덤보는 엄청나게 큰 귀 때문에 버림받았다. 덤보는 고독했고, 의기소침했고, 서커스에서 쫓겨나지 않을까 두려워했다. 그러나 그때 덤보는 자신의 '기형'이 비할 수 없이 소중함을 발견했다. 그 '기형'은 그를 날게 해주었기 때문이다. 덤보는 인기를 얻었다. 처음부터 덤보가 무상을 믿었더라면, 그렇게 많은 고통을 받지 않았을 것이다. 덧없음의 인식이야말로 어떠한 상황, 습관이나 패턴에 영원히 고정되지 않을까 하는 두려움으로부터 자유로워지는 열쇠이다.

개인적 관계야말로 가장 변하기 쉬운 합성된 현상과 무상의 완벽한 예이다. 어떤 부부는 그들의 관계를 책을 읽거나 부부 관계 전문의와 상담함으로써 '죽음이 갈라놓을 때까지' 유지할 수 있으리라고 믿는다. 그러나 남자는 화성에서 오고 여자는 금성에서 왔다는 것을 안다는 것은 단지 불화의 몇몇 명백한 원인과 상황에만 열쇠를 제공할 뿐이다.

어느 정도까지는 이러한 작은 지식들이 일시적인 평화를 만드는 데 도움을 주겠지만, 합성된 관계의 부분을 이루는 보이지 않는 많은 요인들을 다 해결해 주지는 못한다. 보이지 않는 것을 볼 수 있다면, 완벽한 관계를 즐길 수 있거나 처음부터 어떠한 일도 시작하지 않았을지 모른다.

무상에 대한 싯다르타의 이해를 관계에 적용한다면, 줄리엣이 로미오에게 한 통렬한 말 "이별이란 이렇게 달콤한 슬픔이네요"를 즐겁게 느낄 것이다. 이별의 순간이란 어떤 관계에서 가장 심오한 순간일 때가 많다. 모든 관계는 결국 끝나게 마련이다. 결국 죽음에 이르므로. 이렇게 생각하면 모든 연결을 이루는 원인과 조건을 더욱더 절실하게 느낄 것이다. 배우자가 불치병을 얻으면 이러한 느낌은 더욱 강해진다. 이러한 이해는 '영원'이라는 환영을 없애며, 놀라울 정도로 우리를 해방시켜 준다. 염려와 사랑이 무조건적이 되고 기쁨은 바로 지금의 것이 된다. 배우자가 살아 있을 날이 얼마 남지 않았다면, 사랑하고 도와주는 일은 더욱 쉬워지고 만족을 준다.

그러나 우리는 언제나 살아갈 날이 제한되어 있음을 잊고 있다. 비록 태어난 모든 것은 죽고, 합성된 모든 것은 결국 붕괴한다는 것을 지적으로는 이해한다 해도, 감정적으로는 항상 상호 의존성을 완전히 잊어버리고 영원에 대한 믿음이 작동하는 상태로 되돌아간다. 이러한 습성이 모든 종류의 부정적인 상태, 즉 편집성, 고독, 죄의식 들을 조장할 수 있다. 우리는 마치 이 세상이 유독 우리에게만 불공평하여 우리를 속이고, 협박하고, 부당하게 대우하고, 무시하고 있다고 느낄지 모른다.

_아름다움은 보는 사람 눈 속에 있다

싯다르타가 카필라바스투를 떠났을 때, 그는 혼자가 아니었다. 새벽이 되기 전 가족과 종복들이 잠들어 있을 때 그는 가장 신뢰하던 마부 찬나가 자고 있는 마구간으로 갔다. 찬나는 싯다르타가 시종 없이 혼자 온 것을 보자 말을 잃었다. 그러나 주인의 지시에 따라 싯다르타의 애마인 카탄카에 안장을 얹었다. 그들은 들키지 않고 성문을 빠져나왔다. 멀리 안전한 곳에 이르렀을 때, 싯다르타는 말에서 내려 팔찌, 발목 장식과 왕자의 장신구를 벗었다. 그리고 그것들을 찬나에게 주고 카탄카를 데리고 성으로 돌아가라고 명령했다. 찬나는 싯다르타를 수행하겠다고 간청했으나 싯다르타는 단호했다. 찬나는 돌아와 왕족을 시중들 수밖에 없었다.

싯다르타는 찬나에게 가족에게 전하는 말을 남겼다. 가족은 싯다르타에 대하여 걱정해서는 안 된다. 왜냐하면 그는 매우 중요한 여행을 시작했기 때문이다. 싯다르타는 찬나에게 카스트와 왕족 신분의 마지막 상징인 길고 아름다운 머리카락을 제외하고는 모든 장식물을 다 벗어 주고 홀로 떠났다. 싯다르타는 무상을 탐구하는 길에 나선 것이다. 이미 그에게는 아름다움과 허영에 그렇게 많은 에너지를 쏟는 것이 어리석게 보였다. 싯다르타가 비판적이었던 것은 아름다움과 단정한 몸치장이 아니라 그것의 본질적인 덧없음이었다.

'아름다움은 보는 사람 눈 속에 있다'라는 말이 있다. 이 말은 처음 들을 때보다 새길수록 더욱 깊은 의미를 지닌다.

아름다움의 개념은 변덕스럽다. 시대에 따라 보는 사람의 취향이 항상 변하듯이 유행 풍조의 원인과 조건도 항상 변한다. 20세기 중반까지 중국에서는 어린 소녀들에게 전족을 해서 발이 자라지 못하도록 했다. 이 고문의 결과는 아름다운 것이라고 생각됐다. 남자들은 심지어 발을 묶는 데 사용된 천에서 나는 악취에서 색정적인 쾌감을 느끼기도 했다. 지금 중국 여인들은 《보그》 지에 나오는 모델들처럼 보이려고 정강이를 늘이느라 다른 형태의 고통을 감수하고 있다. 인도 소녀들은 아잔타 석굴의 그림에서 볼 수 있는 풍만하고 잘생긴 모습보다는 뼈대가 앙상한 파리의 모델처럼 보이려고 단식을 한다. 서부극에 나오는 무성영화 스타들은 작은 입술을 찬양했다. 그러나 오늘날에는 두툼한 입술의 큰 입이 유행이다. 이다음에는 앵무새 같은 눈과 도마뱀 같은 입술을 가진 사람들이 유명해질지도 모를 일이다. 그러면 사람들은 부풀어 오른 입술을 줄이려고 돈을 아끼지 않을 것이다.

_무상은 좋은 소식이다

부처는 비관주의자도 아니고 예언자도 아니었다. 우리가

도피주의자가 되는 경향이 있는 데 반해 부처는 현실주의자였다. 합성된 모든 것이 무상하다고 말했을 때, 부처는 그것을 나쁘다고 한 것이 아니다. 그것은 단순하고 과학적 사실일 뿐이다. 관점과 이해에 따라서 무상은 영감과 희망, 영광과 성공으로 가는 길이 될 수도 있다. 지구의 온난화와 빈곤은 만족을 모르는 자본주의적 상황의 산물이므로, 이러한 불행은 역전시킬 수 있다. 합성된 현상이 무상의 특성을 갖고 있는 덕택에 가능한 일이다. 신의 의지와 같은 초자연적인 힘에 의존하는 대신, 합성된 현상의 성질을 이해하기만 하면 그러한 부정적 현상을 역전할 수 있다. 현상을 조작하여 원인과 조건을 변화시킬 수 있다. 비닐봉지를 사용하지 않는 작은 행동만으로도 지구 온난화를 지연할 수 있다는 사실을 알게 된다면 놀랄 것이다.

원인과 조건의 불안정성을 깨달으면 자신의 능력으로 장애를 극복하고 불가능한 것을 가능하게 할 수 있다. 이는 인생의 모든 영역에서 진실이다. 페라리가 없다면, 그것을 가질 수 있는 조건을 만들면 된다. 페라리가 세상에 있는 한, 그것을 가질 기회는 있는 것이다. 마찬가지로 오래 살고 싶다면, 담배를 끊고 운동을 더 열심히 할 수 있다. 합리적 희망이 있는 것이다. 절망은 영원함에 대한 믿음의 결과이다. 절망의 반대인 맹목적인 희망도 마찬가지이다.

물리적 세계뿐만이 아니고 감정의 세계까지 변화시킬 수 있다. 야망을 버림으로써 흥분한 마음을 평온한 마음으로 돌리고, 친절과 박애정신으로 행동함으로써 자기 비하를 자신감으로 바꿀 수 있다. 남의 입장에서 생각하도록 자신을 조정한다면, 이웃과 다른 국가들과 함께 평화를 키울 수 있을 것이다.

이것이 우리가 합성된 현상을 세속적 차원에서 어떻게 변화시킬 수 있는가를 보여주는 예들이다. 싯다르타는 가장 두려운 지옥과 파멸의 세계에서도 무상함을 발견했다. 이 또한 합성된 것이기 때문이다. 지옥은 저주받은 사람들이 영원히 고문받는 지하 어느 곳에 영원히 존재하는 것이 아니다. 그것은 오히려 꿈에 더 가깝다. 코끼리가 당신을 밟는 꿈은 여러 가지 조건들로부터 생긴다. 우선 잠이 필요할 것이다. 그리고 코끼리와 나쁜 인연 때문일 수도 있다. 악몽이 얼마나 오래 지속하는가는 별 문제가 아니지만 그동안에 당신은 지옥에 있는 것이다. 자명종이 울리거나 잠을 다 잤기 때문에 당신은 깨어난다. 꿈은 일시적인 지옥이고, '실제' 지옥에 대한 우리의 개념과는 다르다.

마찬가지로 당신이 어떤 사람을 증오해서 공격하거나 복

수한다고 할 때, 그것 자체로 지옥을 경험하게 된다. 증오, 정치적 조작과 복수는 이 지구상에 지옥을 만들어 왔다. 자기가 소지한 AK-47 자동소총보다 더 작고 여린 어떤 청년 군인이 너무 바빠 단 하루도 놀거나 생일을 축하할 기회도 갖지 못한다면 이것이 바로 지옥이다. 우리는 여러 원인과 조건 들 때문에 이러한 종류의 지옥을 경험한다. 따라서 부처가 처방한 대로 노여움과 증오의 해독제로 사랑과 자비를 사용함으로써 이러한 지옥을 빠져나올 수 있다.

무상의 개념은 아마겟돈을 예언하지는 않는다. 그렇다고 우리의 죄에 대한 응징도 아니다. 무상은 본래 긍정적이거나 부정적인 것이 아니다. 사물을 합성하는 과정의 일부일 뿐이다. 우리는 보통 무상의 순환의 반만을 고맙게 여긴다. 죽음이 아닌 탄생만 수용하고, 손실이 아닌 이익만 수용하고, 시험의 시작이 아닌 끝만 수용한다. 진정한 해탈은 유쾌한 것에만 집착하지 않고 전 순환을 절실하게 생각해야 이르는 것이다. 원인과 조건의 가변성과 덧없음의 긍정적인 것과 부정적인 것을 모두 기억함으로써 그것들을 우리에게 유리하게 이용할 수 있다. 부, 건강, 평화와 명예는 그 반대 것들과 마찬가지로 일시적이다. 물론 싯다르타는 천국과 천국의 경험을 더 좋아하지도 않았다. 천국도 똑같이 무상하기 때문이다.

우리는 싯다르타가 왜 '모든 합성된 것들'이 무상하다고 말했는지 의아하게 생각할지 모른다. 왜 그냥 '모든 것들'이 무상하다고 말하지 않을까? '합성된'이라는 수식어 없이 모든 것들이 덧없다고 말하는 것이 정확할 것이다. 그러나 기회 있을 때마다 그 말 뒤의 논리를 유지하기 위하여 처음 부분을 상기해야 한다. '합성'이란 매우 단순한 개념이지만, 그래도 많은 층의 의미를 함축하여 심도 있는 이해를 위해서는 이 개념을 끊임없이 떠올리는 말이 필요하다.

이 세상에 존재하거나 기능하는 어떤 것도, 상상이나 물질적 차원의 어떤 구조물도, 마음속을 스쳐가는 어떤 것도, 심지어 마음조차도 그 상태로 영원히 머물지는 않는다. 사물은 이생에서 당신이 경험하는 동안 또는 다음 세대까지 지속할지 모른다. 그러나 당신이 예상한 것보다 빨리 분해될 수도 있다. 어느 쪽이건 궁극적인 변화는 불가피하다. 거기에 어떠한 확률이나 우연이 개입할 여지는 없다. 절망적이라고 느낄 때 이 점을 기억하라. 그러면 절망할 이유가 없어질 것이다. 왜냐하면 당신을 낙담케 하는 그 어떤 것도 변하기 때문이다.

모든 것은 틀림없이 변한다. 오스트레일리아가 중국의 일부가 되고, 네덜란드가 터키의 일부가 되는 것은 상상할 수 없는 일이 아니다. 당신이 어떤 사람을 죽게 만들거나, 휠체

어에 앉게 되는 것도 상상할 수 없는 일이 아니다. 이와 마찬가지로 당신은 백만장자나, 인류의 구세주나, 노벨평화상 수상자나, 깨달은 현자가 될지도 모른다.

둘째 장

모든 감정은 고통이다

고통의 근원을 찾아 자신과 다른 사람들의 고통을 덜어 주겠다는 확고한 결심 속에서 싯다르타는 명상과 참회로 여러 해를 보냈다. 그는 명상을 지속하려고 인도의 중심부에 있는 마가다로 향했다. 가는 도중에 소티야라는 풀 파는 사람을 만났는데, 그 사람이 한 줌의 쿠사 풀을 주었다. 싯다르타는 이것이 좋은 징조임을 알았다. 고대 인도에서 쿠사 풀은 정화제로 여겨졌기 때문이다. 싯다르타는 그곳에 멈춰 명상하기로 결심하고 근처의 보리수 아래 편편한 돌 위에 쿠사 풀을 깔았다. 그는 조용히 맹세했다.

'이 몸은 썩어갈지 모른다. 나는 먼지로 분해될지 모른다. 그러나 해답을 얻을 때까지 일어나지 않으리라.'

나무 아래에서 명상하는 싯다르타의 모습은 눈에 띄었다. 마귀들의 왕인 마라가 싯다르타의 맹세를 듣고 그 결의의 힘을 알게 되었다. 그의 왕국 전체를 혼란 속에 빠뜨릴 수 있는 잠재력이 싯다르타에게 있음을 안 마라는 잠을 이룰 수 없었다. 책략을 꾸미는 데 자신 있었던 마라는 자신의 가장 아름다운 딸 다섯을 싯다르타에게 보내어 그를 유혹하게 하였다. 딸들(아프사라스)은 자신만만하여 출발했다. 그러나 그들이 명상하는 싯다르타에게 접근하자 아름다움이 사라지기 시작했다. 시들고 늙고 사마귀가 생기고 악취가 났다. 싯다르타는 동요하지 않았다. 낙담한 아프사라스들이 돌아오자 마라는 격노했다. 도대체 누가 감히 자신의 딸들을 거부할 수 있단 말인가? 마라는 병사들을 불러 모았다. 상상할 수 있는 모든 무기로 무장된 대군이었다.

마라의 군대는 전력을 다하여 공격했다. 그러나 실망스럽게도 싯다르타를 향해 퍼부은 모든 화살, 창, 돌이 목표물에 가까이 이르자마자 꽃비로 변했다. 마라와 그의 군대는 오랜 전쟁에 기진맥진하여 패배하였다. 마침내 마라는 외교적 수완을 발휘하여 싯다르타가 추구하는 것을 단념하도록 설득하려고 노력하였다. 마라는 싯다르타를 찾아가 물었다.

"당신이 그렇게 오랫동안 노력한 것을 우리가 어떻게 확인할 수 있겠는가?"

"나는 증명할 필요가 없다. 대지가 나의 증인이다."

싯다르타가 이렇게 대답하고 대지를 만지자 지구가 진동하고 마라는 공기 속으로 증발해 버렸다. 이리하여 싯다르타는 해탈해 부처가 되었다. 그는 자신뿐만 아니라 모든 사람들을 위해 고통을 그 뿌리에서부터 끝내는 길을 찾아냈다. 싯다르타가 마라와 마지막으로 싸운 장소를 지금은 보드가야라 부르고, 그가 앉아 있던 곳의 나무를 '보리수'라고 부른다.

이것이 불교인 어머니들이 여러 세대를 거쳐 자녀들에게 들려주는 이야기이다.

_행복이란 무엇인가

불교인에게 '인생의 목적이 무엇인가'를 묻는 것은 적절치 않다. 왜냐하면 그 질문은 저 밖에 어느 곳, 동굴이나 산꼭대기에 궁극적인 목적이 있음을 시사하기 때문이다. 우리가 살아 있는 성자에게서 배우고, 책을 읽고, 비전의 수행을 통해서 비밀을 해독할 수 있음을 암시하기 때문이다. 이 질문이 아주 오래전에 어떤 사람이나 어떤 신이 목적을 도표로 만들었다는 가정에 근거한다면, 그것은 유신론적 질문이 된다. 불교인들은 전능한 창조주가 있다고 믿지 않는다. 그리고 인생의 목적이 결정되고 정의되어 있거나 그렇게 되어야 할 필요가 있다고 생각하지 않는다.

불교인에게 물어야 할 적절한 질문은, 간단히 하자면, '인생은 무엇인가'이다. 무상을 이해할 때, 대답은 명백해진다. '인생은 합성된 현상들의 커다란 대열이며, 따라서 인생은 무상하다.' 그것은 끝없는 변화이며, 덧없는 경험들의 집합이다. 무수한 형태의 생물이 있지만, 모두 어떠한 살아 있는 존재도 고통을 원하지 않는다. 대통령, 억만장자로부터 열심히 일하는 개미, 벌, 새우, 나비까지 모두가 행복해지기를 바란다.

물론 '고통'과 '행복'의 정의는 생물의 형태에 따라, 같은 인간끼리도 서로 크게 다르다. 어떤 사람의 '고통'이 다른 사람들에게는 '행복'이 될 수 있고, 그 반대도 성립한다. 어떤 사람에게는 하루하루 그저 연명하는 것이 행복인 데 반해, 다른 사람에게는 수백 켤레의 신발을 가지는 것이 행복일 수 있다. 이두근에 문신을 한 베컴처럼 보이는 것에 행복을 느끼는 사람도 있다. 상어 지느러미나 호랑이 성기를 손에 넣는 것처럼 행복의 대가가 다른 존재의 생명을 앗는 경우도 있다. 어떤 사람은 깃털의 부드러운 간지럼을 에로틱하다고 생각하는 반면에, 채찍과 사슬을 더 좋아하는 사람도 있다. 에드워드 3

세는 영국의 왕관 대신에 미국의 이혼녀와 결혼하는 것을 선택했다.

한 개인의 경우에도 '행복'과 '고통'의 정의가 변한다. 더 진지한 관계를 원할 때 가벼운 마음으로 희롱하는 순간이 갑자기 바뀔 수 있다. 희망이 두려움으로 변한다. 아이였을 때는 바닷가에서 모래성을 쌓는 것이 행복이었다. 청소년이었을 때는 비키니 차림의 소녀들이나 웃통을 드러낸 채 파도 타는 소년들을 보는 것이 행복이었다. 중년에는 돈과 경력이 행복이다. 80대 후반에는 식탁용 소금 도자기 그릇을 수집하는 것이 행복이다. 많은 사람들에게는 이 무한하고 언제나 변하는 정의에 영합하는 것이 '인생의 목적'이다.

많은 사람들이 사회로부터 '행복'과 '고통'의 정의를 배운다. 사회질서가 만족을 측정할 방법을 지시한다. 그것은 공유하는 가치의 문제이다. 서로 지구의 반대쪽에 있는 두 사람이 행복에 대한 모순적인 문화적 지표에 의해서 쾌락, 혐오, 공포의 동일한 감정을 경험하기도 한다. 중국인들에게 병아리 다리가 진미인 반면, 프랑스 사람들은 빵 위에 거위 간을 얹어 먹기를 좋아한다. 자본주의가 결코 존재하지 않고, 모든 국가와 개인이 진정으로 마오쩌둥의 실용적 공산주의 철학에 따라 산다면 세상이 어떨까 상상해 보자. 쇼핑몰도 없고, 멋진 차도 없고, 스타벅스도 없고, 경쟁도 없고, 가난한 사람과 부자 사이의 커다란 격차도 없고, 모든 사람들을 위한 의료 서비스로 완전히 행복할 것이고, 자전거가 군용차량보다 더 귀중해질 것이다. 그러나 우리는 원하는 것을 배운다. 히말라야에 있는 부탄에서 10여 년 전에는 비디오가 부의 결정적 상징이었다. 그 후 도요타의 랜드크루저가 비디오를 대치했다.

집단의 기준을 자신의 기준으로 생각하는 이러한 습성은 어린 나이에 형성된다. 한 아이가 초등학교에 입학해서 다른 아이들이 모두 어떤 모양의 필통을 가지고 있는 걸 본다. 그 아이에게는 그것을 소유하여 다른 아이들과 같아지고 싶은 '욕구'가 생긴다. 그래서 엄마가 그 필통을 사주느냐 마느냐가 그 아이의 행복의 수준을 결정한다. 이러한 것은 아이가 커서도 이어진다. 옆집 사람이 LCD TV나 고급 차를 마련했다. 그러면 더 크고 더 새로운 TV와 차를 갈망한다. 타인이 가지고 있는 것에 대한 경쟁과 욕망은 문화적 수준에서도 존재한다. 우리는 다른 문화의 관습과 전통을 자신의 것보다 더 귀중히 여기는 일이 많다. 최근 대만의 한 교사가 수세기 동안 이어져 온 중국의 관습대로 머리를 길게 기르기로 결심하였다. 머리를 길게 기른 그 교사는 옛 중국의 전사처럼 우아해 보였으나, 학교 교장이 21세기 서양인들의 짧은 머리를 의미하는 '적절한 행동'에 따르지 않으면 해고하겠다고 으름장을 놓았다. 머리를 짧게 자른 그는 전기 충격을 받은 사람 같은 모습이었다.

중국인들이 자기의 뿌리를 난처하게 생각하는 것을 보는 것은 꽤 놀라운 일이다. 이처럼 아직도 아시아인의 열등의식을 많이 접할 수 있다. 아시아인들은 자신의 문화를 매우 자랑스러워 하면서도 한편으로는 불쾌하고 퇴행적이라고 생각한다. 그들은 생활의 거의 모든 영역에서 자신의 문화를 서구 문화로 대치했다. 의복, 음악, 도덕, 심지어 정치 체제까지도 서구식으로 바꾸었다.

개인적 · 문화적 수준에서 외국의 방법이 생각했던 것과 반대의 결과를 초래하는 경우가 많음을 제대로 파악도 못한 채, 행복을 성취하고 고통을 극복하기 위하여 그 방법들을 채택한다. 적응에 실패하면 새로운 불행이 생긴다. 고통은 여전할 뿐만 아니라, 새로운 체제에 적응할 수도 없으므로 자신의 생활에서도 소외를 느낀다.

'행복'에 대한 문화적 정의 중 일부는 어느 정도 유효하다. 일반적인 의미에서 볼 때 은행 계좌에 돈이 많고, 안락한 거처가 있고, 먹을 음식이 충분하고, 좋은 신발과 같은 기본적인 생활 편의물들이 잘 갖춰져 있으면 행복하다. 그러나 인도의 걸승 사두나 티베트의 방랑하는 수행자들은 지켜야 할 어떠한 소유물도 없고 도둑맞을 두려움도 없어 열쇠를 가질 필요가 없으므로 행복하다.

_모든 감정은 편견이다

보드가야에 도달하기 오래전에 싯다르타는 6년간 다른 나무 밑에 앉아 있었다. 그는 쌀 몇 톨과 물 몇 방울의 섭생으로 초췌해졌다. 싯다르타는 목욕도 하지 않고 손톱도 자르지 않아서 함께 수행하던 사람들의 모범이 되었다. 소몰이 애들이 풀로 귀를 간질이고 얼굴에 나팔을 불어대도 싯다르타는 요지부동이었다. 그러나 극도로 궁핍하게 여러 해를 보낸 어느 날, 그는 깨달았다.

'이것은 옳지 않다. 이것은 극단적인 길이다. 궁녀들이나 공작새 정원이나 보석 숟가락과 마찬가지로 이것은 또 하나의 덫이다.'

근처의 나이란자나(현재 이름은 '팔구') 강에 가서 목욕하기로 결심한 싯다르타는 수자타라는 우유 짜는 소녀가 준 신선한 우유를 받아먹었는데, 수행자들은 이 모습에 큰 충격을 받았다. 그들은 싯다르타가 도덕적으로 나쁜 영향을 끼쳐 함께 있으면 수행에 방해가 되리라 생각하고 그를 떠났다고 알려져 있다.

우리는 왜 이 금욕주의 수행자들이 스스로의 맹세를 깨뜨렸다고 해서 싯다르타를 떠났는지 이해할 수 있다. 인간은 항상 물질적인 이익뿐만 아니라 정신적인 방법으로도 행복을 찾으려고 노력했다. 세계 역사의 많은 부분이 종교를 중심으로 돌아가고 있다. 종교는 계몽적인 길과 행동 강령, 즉 이웃을 사랑하고 관용을 베푸는 것, 황금률, 명상, 단식, 희생 등으로 사람들을 통합한다. 그러나 도움이 되어 보이는 이 원리들이 극단적이고 청교도적인 도그마가 되어 사람들로 하여금 불필요한 죄의식과 자기 비하를 느끼게 할 수 있다. 관용심이 전혀 없는 열렬한 신자들이 다른 종교들을 낮춰 보고 이러한 믿음으로 문화적·물리적 대량학살을 정당화하기도 한다. 이러한 종류의 파괴적인 신앙의 예는 도처에서 볼 수 있다.

인간은 행복을 성취하고 고통을 경감하기 위하여 조직화된 종교뿐만 아니라 인습적인 지혜 — 또는 정치적 슬로건 — 에도 의지한다. 시어도어 루스벨트는 말했다, "정의와 평화

중 하나를 선택해야 한다면 나는 정의를 선택하겠다." 그러나 누구의 정의인가? 누구의 해석을 따라야 하는가? 극단주의는 다른 모든 것을 배제하고 한 형태의 정의만을 선택한다.

공자의 지혜를 보자. 윗사람을 공경하고 그들에게 순종하고 가족이나 국가의 허물과 불명예를 드러내지 말라는 공자의 말은 매력적이다. 공자의 지혜는 아주 실용적이고 이 세상을 살아가는 데 도움을 주는 매우 현명한 지침이 되어 주기도 했지만, 많은 경우 반대 의견을 검열하고 억압하는, 극단적으로 부정적인 결과를 초래하기도 했다. '체면'에 대한 강박관념과 윗사람에 대한 순종이 이웃과 전 국민들에 대한 여러 세기에 걸친 기만과 거짓말을 불러 왔다.

그러한 역사를 고려할 때, 중국이나 싱가포르 같은 아시아 국가들의 뿌리 깊은 위선이 놀라운 것만은 아니다. 많은 국가의 지도자들이 봉건주의와 군주제도를 비난하고 민주주의나 공산주의를 채택한 것을 자랑스러워한다. 그러나 부하들의 존경이 계속되고 비리가 드러나지 않은 한 민주주의나 공산주의를 채택한 바로 그 지도자들은 마지막 숨을 거둘 때까지 혹은 자신이 직접 선택한 후계자가 자리를 이을 때까지 권좌를 지키려고 한다. 옛 봉건주의로부터 변한 것이 거의 없다. 법과 정의는 평화를 유지하고 조화로운 사회를 창조하기 위해 만들어졌다. 그러나 많은 경우 사법제도는 악당과 부자 들에게 유리하게 작용하고, 가난하고 무고한 사람들에게 피해를 준다.

우리 인간들은 수많은 방법과 물질을 이용하여 행복을 추구하고 고통을 줄이는 데 열중하고 있다. 엘리베이터, 휴대용 PC, 재충전 건전지, 식기 세척기, 토스터기, 개똥 치우는 전기청소기, 코털 자르는 전기 기구, 비데, 노보카인(마취제의 일종), 휴대전화, 비아그라, 카펫 등도 이를 위해 만들어졌다. 그러나 이 모든 편리한 것들은 불가피하게 같은 분량만큼의 두통을 가져온다.

국가는 영토, 석유, 우주, 금융시장과 권력을 위하여 싸우며 거시적 행복과 고통의 종식을 추구한다. 예상되는 고통을 막기 위하여 선제공격을 하기도 한다. 개인은 비타민을 섭취하고, 백신 접종과 혈액 검사를 위해 병원에 가고, 전신을 최첨단 장비로 스캔하며 예방 치료에 애쓴다. 임박한 고통의 증후를 찾아 즉각 치료를 받으려고 한다. 매년 새로운 기술, 약, 자기관리 서적들이 고통에 대한 장기적 해결책, 이상적으로는 문제를 뿌리부터 제거하려는 해결책을 제공하려고 시도한다.

싯다르타도 역시 고통의 뿌리를 자르려고 노력했다. 그러나 정치적 혁명을 도모하거나, 다른 행성으로 이주하거나, 새로운 세계 경제를 창조하거나 하는 해결책을 꿈꾸지 않았다. 평화와 조화를 가져올 종교나 행동 강령을 만드는 것도 생각하지 않았다. 싯다르타는 열린 마음으로 고통을 탐구하였고, 지칠 줄 모르는 명상을 통해 고통의 뿌리가 우리의 감정임을 발견하였다. 실제로 감정이 '고통'이다. 모든 감정은 자아에 대한 집착을 포함한다는 의미에서 이기심에서 비롯한 것이다. 비록 감정이 실재하는 것처럼 보여도 그것은 우리가 타고난 부분이 아님을 싯다르타는 발견하였다. 감정은 또 어떤 사람이나 신이 우리에게 던진 어떤 종류의 저주나 삽입 임플란트도 아니다. 감정은 어떤 사람이 당신을 비판한다거나, 무시한다거나, 당신의 소득을 빼앗아 간다고 성급하게 판단할 때처럼 특별한 원인과 조건 들이 결합할 때 일어난다. 그 경우 거기에 상응하는 감정이 생긴다. 그러한 감정을 수용하는 순간, 감정의 주주가 되는 순간, 우리는 제정신을 잃고 깨달음을 놓치게 된다. '흥분'에 빠지는 것이다. 이리하여 싯다르타는 그의 해결책 — 각성 — 을 찾았다. 진지하게 고통을 없애고 싶다면, 각성을 일으키고, 감정을 다독이고, 흥분하지 않는 법을 배워야 한다.

싯다르타처럼 감정을 조사한다면, 그 근원을 알아내려고 노력한다면, 감정은 오해에 뿌리를 두고 있으며, 따라서 근본적으로 잘못되어 있음을 알게 될 것이다. 모든 감정은 기본적으로 편견의 한 형태로서 각 감정 속에는 항상 판단의 요소가 있다.

어떤 속도로 돌리는 횃불은 불의 고리처럼 보인다. 서커스를 구경하는 순진한 아이들, 심지어는 일부 어른들도 불의 고리에 즐거워하고 매혹당한다. 어린아이들은 손과 횃불의 불을 구분하지 않는다. 아이들은 본 것을 실체라고 생각한다. 불의 고리라는 광학적 환영이 그들의 넋을 빼앗아 버린 것이다. 단 한순간이라도 아이들은 완전히 그리고 깊이 그것이 실체임을 확신한다. 마찬가지로 우리는 많은 경우 자신의 외모에 미혹된다. 몸을 볼 때, 우리는 그것을 분자, 유전자, 정맥, 피 등 별개의 조각들로 보지 않는다. 하나의 전체로 생각할 뿐만 아니라, '몸'이라고 불리는, 실제로 존재하는 생명체로 조급하게 판단한다. 이것을 확신하고 홀쭉한 배, 멋있는 손, 큰 키, 잘생긴 용모, 곡선미가 있는 몸매를 바란다. 이것에 집착하여 헬스클럽 회원권, 살 빼는 차, 다이어트, 요가, 복부 운동, 라벤더 오일 등에 돈을 쓴다.

불의 고리에 빠져들고 전율하고 놀라기까지 한 어린애들처럼, 우리는 우리 몸의 외양과 그 안위에 대한 감정을 경험한다. 불의 고리의 경우, 어른들은 대체로 그것이 환영에 지나지 않음을 알고 있기 때문에 아이들만큼 흥분하지 않는다. 기초적인 사고력으로 그 고리가 합성된 부분들, 즉 횃불을 들고 있는 손의 운동으로 이루어진 것임을 알고 있다. 아이의 침착하지 못한 누나나 형은 그 아이에게 오만하게 굴거나 그 아이를 보호하려고 들지 모른다. 그러나 우리는 성인이므로 그 고리를 볼 수 있고, 애들이 매혹당하는 것을 이해할 수 있다. 특히 밤에 무용수들, 황홀한 음악 같은 다른 볼 것들이 불의 고리와 함께할 때는 더욱 그렇다. 그때는 그것이 본질적으로 환영임을 아는 어른들까지도 전율한다. 싯다르타에 의하면, 이에 대한 이해가 자비의 씨앗이 된다.

_감정은 무지에서 생긴다

명상이 깊어감에 따라, 싯다르타는 모든 현상에 내재한 본질적으로 환영과 같은 특성을 보기 시작했으며, 이러한 이해를 바탕으로 왕궁에서의 생활을 되돌아보았다. 연회, 공작새 정원, 가족과 친구들. 싯다르타는 소위 가족이라는 것이 서로 다른 여행자들이 투숙하여 잠시 함께 지내는 여관이나 호텔 같은 것임을 깨달았다. 이 집합체는 죽을 때 결국 흩어진다. 함께할 때는 집단으로서 신뢰, 책임감, 사랑, 성공과 실패에 대한 공유된 방책을 포함하는 유대를 가질 수 있고 이로부터 온갖 종류의 드라마가 생겨난다.

싯다르타는 목가적인 가정생활의 관념, 함께한다는 생각 그리고 왕궁 생활의 모든 매력적인 현상들에 사람들이 얼마나 쉽게 휩쓸리는지도 분명히 볼 수 있었다. 다른 사람들은 그가 본 것처럼 또는 불의 고리가 전부 합성된, 실체 없는 환영 같은 현상인 것을 알아보는 어른처럼 보지 못했다. 그러나 매혹당한 그들에게 오만하게 굴거나 그들을 보호하려는 마음을 갖는 대신 싯다르타는 다정한 부모처럼 이 순환 속에는 선도 없고 악도 없고 잘못도 없으므로 비난할 것도 없음을 보았다. 이리하여 싯다르타는 해탈했고 오직 커다란 자비심을 느꼈다.

왕궁 생활의 피상적인 면을 초월하여 보았으므로 싯다르타는 자신의 몸이 실체가 없음을 볼 수 있었다. 그에게는 불의 고리나 몸의 특성은 같은 것이었다. 그러한 것들이 실제로 존재한다고 믿는 것은, 순간적이든 영원하든 오해에 뿌리를 둔 것이다. 오해는 각성이 없는 것에 다름 아니다. 각성을 잃는 것, 그것이 바로 불교인들이 일컫는 무지이다. 이 무지로부터 감정이 일어난다. 이러한 과정, 즉 각성의 상실에서 감정이 발생하는 것은 다음에 알게 되겠지만 네 가지 진리를 이용하여 완전히 설명할 수 있다.

이 세상에는 헤아릴 수 없는 종류의 많은 감정이 존재한다. 매 순간 그릇된 판단, 편견, 무지 때문에 무수한 감정이 생겨난다. 우리는 사랑과 미움, 죄와 무죄, 헌신, 비관, 질투와 자만, 두려움, 수치, 슬픔 그리고 기쁨 등에 익숙하다. 그러나 그 외에도 감정은 무수히 많다. 어떤 문화에는 다른 문화에서는 정의되지 않아 존재하지도 않는 감정에 대한 단어들이 있다. 아시아의 어떤 지역에는 로맨틱한 사랑에 해당하는 단어가 없는 반면, 스페인 사람들은 여러 종류의 사랑에 대해 수많은 단어들을 사용한다. 불교인에 의하면 어떤 이름도 붙지 않은 무수한 감정이 있는데, 우리의 논리적 세계에서 정의할 수 없는 감정이 훨씬 더 많다. 이성적으로 보이는 감정도 있지만 대부분은 비이성적이다. 겉보기에 평온해 보이는 감정도 폭력에 뿌리를 두고 있는 것이 있다. 어떤 감정은 거의 지각할 수도 없다. 완전히 수동적이고 초연하게 보여도 그것 역시 하나의 감정이다.

감정은 유치할 수도 있다. 화를 내야 한다고 생각하는 사람이 화를 안 낼 경우에 화가 날 수 있다. 배우자가 어떤 날은 너무 소유욕이 강해 보이다가 그 다음 날은 너무 소유욕이 없어 보여서 당황할 수도 있다. 어떤 감정은 무심한 관찰자들에게는 즐거움을 줄 수 있다. 영국의 찰스 황태자가 언젠가 애인 카밀라와 은밀하게 즐길 때 그녀의 탐폰으로 환생해도 좋다고 말한 경우처럼 말이다. 어떤 감정은 백악관에 사는 사람들이 자유에 대한 자신들의 생각을 전 세계에 강요할 때처럼 오만하게 나타난다.

개인적 의사를 힘, 협박, 사기 아니면 미묘한 조작으로 남에게 강요하는 것 또한 정서 활동의 한 부분이다. 많은 기독교인들과 이슬람교도들이 지옥의 불과 천벌을 피하기 위하여 이교도들을 개종시키는 데 열중하는 반면에, 실존주의자들은 종교인들을 이교도로 만드는 데 열정적으로 노력하고 있다. 감정은 우스꽝스러운 자만으로 오기도 한다. 억압자였던 영국인에 의해서 형성된 인도인들의 애국심이 그렇다. 부시 대통령이 항공모함 에이브러햄 링컨 호에서 사실상 거의 시작도 하지 않은 이라크와의 전쟁이 끝났다고 선언했을 때 많은 애국적 미국인들은 자신들이 정의롭다고 느꼈다.

존경을 갈망하는 것 또한 감정이다. 말레이시아, 대만, 중국이 마치 힘의 증거나 되는 것처럼 세계에서 가장 높은 빌딩을 세우려고 경쟁하는 것을 보라. 감정은 병들고 뒤틀려 어린이에 대한 이상성욕이나 야수성으로 변할 수도 있다. 살해되어 먹히고 싶은 젊은이를 찾는다고 인터넷에 광고를 낸 사람도 있었다. 그는 수많은 회신을 받았고, 회신한 사람 중 한 사람을 정말로 죽이고 먹었다.

_자아는 무지에서 비롯된 환상이다

이 모든 감정과 그로 인해 일어나는 결과들은 오해에서 생기고, 이 오해는 단 하나의 근원이자 모든 무지의 뿌리, 자아에 대한 집착에서 나온다.

우리는 각각이 하나의 자아, 즉 '나'라는 실체가 있다고 가정한다. 그러나 자아는 단지 또 하나의 오해일 뿐이다. 일반적으로 견고한 실체처럼 느껴지는 자아의 관념은 우리가 만들어낸 것이다. 그리고 이 관념을 일관성이 있고 실재하는 것으로 본다. 손을 들면서 우리는 '나는 이런 모습이다'라고 생각한다. '나에게는 모습이 있고, 이것이 내 몸이다'라고 생각한다. '모습이 나다, 나는 키가 크다'라고 생각한다. 가슴을 가리키며 '나는 이 모습으로 산다'고 생각한다.

느낌, 지각, 행동에 대하여도 우리는 같은 일을 한다. '나는 느낌들을 갖는다, 나는 내 지각들이다….' 그러나 싯다르타는 몸속이건 밖이건, 자아라고 할 수 있는 독립된 실체를 어디서도 발견할 수 없음을 깨달았다. 불의 고리의 광학적 환영처럼 자아는 환영이다. 그것은 오류이고 근본적으로 잘못된 것이고 궁극적으로 존재하지 않는 것이다. 그러나 불의 고리에 빠지듯이 우리는 자아라는 생각에 빠진다. 몸, 느낌, 지각, 행동 하나하나가 '나'라고 생각하는 것의 여러 가지 요소들임을 안다. 그러나 그것들을 조사해 보면, '내'가 그 어느 것에도 머물지 않음을 발견하게 된다.

자아라는 그릇된 생각에 매달리는 것은 무지에서 비롯된 우스운 행동이다. 그것이 무지를 영속화하고 모든 종류의 고통과 실망으로 이끈다. 삶에서 우리가 행하는 모든 것은 우리가 '우리 자신'을 어떻게 지각하느냐에 달려 있다. 따라서 이 지각이 오해에 근거하고 있다면, 불가피하게 그러하지만, 이 오해가 우리가 행하고 보고, 경험하는 모든 일에 스며든다. 이것은 어린애가 빛과 운동을 잘못 해석하는 것과 같은 단순한 문제가 아니다. 우리의 전 실존이 매우 취약한 전제 위에 근거한다는 말이다.

싯다르타는 자아가 없음을 발견하면서 본래 존재하는 악이란 없고 단지 무지만이 존재한다는 것도 알아냈다. 특히 '자아'라는 말을 만들고, 그 말을 전혀 근거 없는 합성된 현상에 붙이고, 그것에 가치를 두고, 그것을 보호하려고 고뇌하는 무지에 대해 깊이 생각했다. 싯다르타는 이 무지가 괴로움과 고통으로 바로 이어짐을 발견했다.

무지는 사실을 모르는 것, 사실을 잘못 알고 있는 것, 불완전한 지식을 갖는 것이다. 이 모든 형태의 무지가 우리를 오해, 그릇된 해석, 과대평가와 과소평가로 이끈다. 친구를 찾고 있는 와중에 멀리서 그 친구를 보았다고 하자. 가까이 가보니 허수아비를 친구로 잘못 보았다는 것을 알게 되었다. 당신은 틀림없이 실망할 것이다. 장난기 있는 허수아비나 친구가 몰래 당신을 속여서 그렇게 된 것이 아니다. 당신 자신의 무지가 당신을 배반한 것이다. 무지에서 비롯하는 모든 행동은 투기와 같다. 전혀 알지 못하거나 충분히 알지 못하고 행동에 나서지만 거기에 자신할 만한 근거는 없다. 우리의 근본적인 불확실성이 이러한 모든, 이름 있는 그리고 이름 없는, 인식된 그리고 인식되지 않은 감정들을 불러일으키고 만들어낸다.

계단 꼭대기까지 오르리라고, 비행기가 무사히 목적지에 착륙하리라고 자신할 수 있는 유일한 이유는 우리가 무지의 행복을 즐기고 있기 때문이다.

그러나 이러한 행복은 오래 지속하지 않는다. 무지의 행복은 확률의 기회가 항상 바라는 대로 실현되리라는 과대평가와 실현을 막는 장애에 대한 과소평가에 다름 아니기 때문이다. 물론 원인과 조건 들이 합쳐져 우리가 예상했던 일이 일어날 수 있다. 그러나 우리는 이러한 종류의 성공을 당연한 것으로 생각한다. 그 일은 그렇게 되었어야 했고, 우리들의 가정이 정당했다는 증거로 그 성공을 이용한다. 매번 가정할 때마다, 예컨대 나는 나의 배우자를 알고 있다고 가정할 때마다 우리는 자신을 드러난 상처처럼 공개하는 것이다. 어떤 사람이나 어떤 것에 의존하는 가정과 기대는 우리를 상처받기 쉽게 만든다. 어떤 순간에도 가능한, 많은 모순들 중 하나가 튀어나와 우리의 가정에 소금을 뿌려 우리로 하여금 주춤하고 울부짖게 할 수 있다.

_습관은 자아의 공범이다

아마도 인류 역사상 가장 큰 발견은, 싯다르타가 자아가 독립적으로 존재하지 않는다는 것, 즉 그것이 하나의 명칭임을 깨달은 일일 것이다. 그러나 '자아'라는 명칭의 근거는 빈약하지만, 그것을 없애는 것은 작은 일이 아니다. 소위 '자아'는 모든 개념 중에서 가장 부수기 힘든 완강한 것이다.

자아의 오류라는 싯다르트타의 발견은 마라가 멸망한 이야기가 잘 상징한다. 마라는 자아에 대한 싯다르트타의 집착에 다름 아니다. 마라가 결코 패배한 적이 없는 잘생기고 강력한 전사로 기술된 것은 적절하다. 마라처럼 자아는 강력하고 만족을 모르고 자기중심적이고 속임수를 쓰고 배려를 탐내고 영리하고 허망하다. 불의 고리처럼 자아가 합성되었고, 독립적으로 존재하지 않고, 변화한다는 것을 기억하기란 쉽지 않다.

습관은 우리를 자아에 약하게 만든다. 간단한 습관도 없애기 어렵다. 당신은 담배가 건강에 얼마나 나쁜지 알고 있지만, 그렇다고 반드시 금연하는 데까지 설득당하지는 않는다. 특히 흡연의 격식이나 날씬한 담배의 외양이나 담배가 타는 모양이나 손가락을 감도는 향기로운 냄새를 즐기는 경우에는 더욱 그러하다. 그러나 자아에 대한 습관은 흡연처럼 단순한 중독이 아니다. 그 시작을 알 수 없는 때부터 우리는 자아에 중독되어 왔다. 그것이 자신을 확인하는 방법이었기 때문이다. 우리는 그것을 끔찍이 사랑한다. 또한 때때로 가장 격렬하게 증오한다. 우리는 자아의 정당함을 인정하려고 무던히도 애를 쓴다.

영적인 수행을 비롯하여 우리가 행하고 생각하고 소유하

는 거의 모든 것이 자아의 존재를 확인하는 수단이다. 실패를 두려워하고 성공을 바라고, 지옥을 두려워하고 천국을 그리워하는 것이 자아이다. 자아는 괴로움을 싫어하지만 괴로움의 원인들은 좋아한다. 자아는 어리석게도 평화의 이름으로 전쟁을 일으킨다. 자아는 깨달음을 바라지만 깨달음으로 가는 길은 혐오한다. 자아는 사회주의자로 일하길 바라지만 자본가로 살기를 바란다. 자아가 외로움을 느낄 때 우정을 갈망한다. 사랑하는 것에 대한 자아의 소유욕은 공격성을 띠는 열정으로 나타난다. 자아의 가상의 적들—자아를 극복하기 위한 영적 수행들과 같은—이 종종 타락하여 자아의 동맹자로 고용된다. 사기를 치는 자아의 기술은 거의 완벽하다. 자아는 누에처럼 자신의 주위에 고치를 짜지만, 누에와는 달리 나가는 길을 찾지 못한다.

_욕망과의 싸움에서 우린 이겨 본 적이 없다

보드가야에서 전쟁을 할 때, 마라는 싯다르타에 대하여 많은 종류의 무기를 사용했다. 특히 특수한 화살을 많이 갖고 있었다. 욕망을 일으키는 화살, 우둔해지는 화살, 자만심을 일으키는 화살, 싸움을 일으키는 화살, 오만하게 만드는 화살, 맹목적인 집착을 일으키는 화살, 지각을 잃게 하는 화살 …. 불교 경전에 따르면 우리와의 싸움에서 마라는 져 본 적이 없다. 마라는 항상 독화살을 우리에게 쏜다. 마라의 화살에 맞으면, 처음에는 멍해지고 그 다음에는 독이 온몸에 퍼져 우리는 서서히 마비된다. 우리는 각성을 잃고 자아에 매달린다. 서서히 그러나 확실하게 파괴적인 감정이 뒤따르고 우리의 존재 속에 스며든다.

욕망의 화살에 맞으면, 모든 상식, 절제, 제정신이 밖으로 나가고, 헛된 위엄, 퇴폐와 부도덕이 안으로 흘러들어 온다. 중독이 된 우리는 원하는 것을 가지려고 어떤 짓도 서슴지 않는다. 열정에 사로잡힌 사람은 예쁜 아내가 집에서 조신하게 그를 기다리고 있을 때에도, 하마 같은 매춘부에게서 성적인 매력을 느낄지 모른다. 불 속으로 뛰어드는 나방같이, 낚싯바늘을 덥석 무는 물고기같이 이 세상의 많은 사람들이 음식, 명예, 칭송, 돈, 아름다움과 존경에 걸려든다.

열정은 또한 권력에 대한 욕망으로 나타나기도 한다. 그러한 열정에 사로잡힌 지도자들은 권력에 대한 그들의 욕망이 지구를 어떻게 파괴하고 있는가는 전혀 생각하지 않는다. 부에 대한 사람들의 욕망이 없다면, 고속도로는 태양에너지를 이용하는 차들로 가득할 것이며, 굶는 사람도 없어질 것이다. 그러한 진보는 기술적으로 그리고 물리적으로 가능하다. 그러나 정서적으로는 불가능해 보인다. 그러면서 우리는 불의에 대해 불평하고 조지 부시와 같은 사람들을 비난한다. 탐욕의 화살에 맞아 싸구려 수입 전자제품들과 같은 편리한 물건과 고급 승용차를 소유하려는 우리의 욕망이 지구를 파괴하는 전쟁을 지원하고 있음을 알지 못한다. 매일 교통 혼잡 시간에 다인승 차선은 비어 있지만 수천 대의 나홀로 차량은 도로를 꽉 채우고 있다. '오일을 위하여 피를 흘리지 말자'고 행진하는 사람들도 스무디를 만들기 위해 키위를 수입하는데 오일을 쓰고 있다.

마라의 화살은 끊임없이 충돌을 일으킨다. 역사를 통하여 욕망을 초월하고, 성실과 예절의 전범이라고 여겨지는 종교인들도 똑같이 권력에 굶주렸음을 볼 수 있다. 그들은 지옥에 대한 협박과 천국에 대한 약속으로 추종자들을 조종하였다. 오늘날에도 여론이 호의적이면 토마호크 미사일로 무고한 나라를 폭격하는 것을 전혀 개의치 않고 사실을 조작하여 선거운동을 하는 정치가들을 볼 수 있다. 선거에 이기기만 한다면 전쟁을 한들 무슨 상관이겠는가? 믿음이 깊은 척 자신의 신앙을 자랑하여 총격을 당하고 영웅이 되어 파국을 연출하는 정치인도 있다.

자부심으로 가득 찬 자아는 여러 가지 형태로 나타난다. 좁은 마음, 인종적 편견, 허약함, 거부에 대한 두려움, 상처받을까 하는 두려움, 무감각 등. 남성은 자부심으로 인류의 반이 넘는 여성의 에너지와 공헌을 억눌러 왔다. 구애할 때에는 자존심을 내세우며 끊임없이 상대가 자신에게 충분히 좋은 사람인가, 자신이 상대에게 충분히 좋은 사람인가를 평가한다. 자부심이 많은 가족은 금방 깨질지도 모르는 결혼식에 많은 돈을 쓴다. 반면, 같은 날 같은 동네의 가난한 사람들은 굶어 죽어간다. 호텔 회전문을 열어주는 도어맨에게는 허세 부리며 10달러를 주어도 갓난애 딸린 가족을 부양하기 위해 5달러짜리 T셔츠를 파는 행상에게서는 값을 깎는다.

자부심과 연민은 밀접하게 연결되어 있다. 자신의 일생이 다른 사람보다 힘들고 불행하다고 믿는 것은 자아에 대한 집착이 나타난 것일 뿐이다. 자아가 자기 연민을 개발하면 다른 사람을 동정할 공간은 없어진다. 이 불완전한 세상에서 너무 많은 사람들이 고통을 당해 왔고 지금도 고통을 당하고 있다. 그러나 어떤 사람들의 고통은 더욱 '특별한' 고통으로 분류되었다. 구체적인 통계는 없지만, 유럽인들이 미국을 식민지화할 때 살해한 미국 원주민들의 수가 잘 알려진 대량 인종

학살의 희생자 수만큼은 될 것이다. 하지만 아직까지도 이 상상할 수 없는 인명 학살에 홀로코스트 같은 명칭은 붙여지지 않았다. 스탈린이나 마오쩌둥이 자행한 대량 학살도 말쑥한 기념관이나 보복 소송, 끝없는 기록 필름이나 특집 영화 같은 것은 말할 것도 없고 이름조차 가지지 못했다. 이슬람교도들은 그들의 무굴 선조들이 포교를 위해 아시아 각지를 점령하며 자행한 파괴는 잊어버리고 자기들이 처형당하고 있다고 외치고 있다. 그들이 저지른 대파괴는 그들이 믿는 신과는 다른 신에 대한 사랑으로 지어진 기념물이나 사원 들의 부서진 폐허에서 아직도 확인할 수 있다.

어떤 학파나 종교에 소속한다는 자부심이란 것이 있다. 기독교도, 유대교도, 이슬람교도 들은 같은 신을 믿고 있고, 어떤 의미로 그들은 형제다. 그러나 이들 각 종교의 자부심과 자신만이 정의롭다는 생각 때문에 종교전쟁이 일어났고 양차 세계대전으로 죽은 사람들보다 더 많은 사람들이 죽었다.

인종차별주의는 자만심의 독화살에서 비롯한다. 많은 아시아인과 아프리카인 들이 서구의 백인들을 인종차별주의자라고 비난한다. 그러나 인종차별주의는 아시아에서 하나의 제도로 굳어져 있다. 적어도 서양에서는 인종차별주의를 금하는 법이 있고 그것은 공개적으로 비난받는다. 싱가포르 처녀는 가족을 만나러 벨기에인 남편을 집으로 데리고 올 수 없다. 말레이시아의 중국인들과 인도인들은 수세대가 지나도 부미푸트라(말레이시아 원주민. 말레이시아 정부는 1976년부터 원주민 우대정책을 실시하고 있다)의 신분을 가질 수 없다. 일본에 사는 많은 한국인 2세들은 아직도 일본 국적을 취득하지 못한다. 많은 백인들이 유색인 어린애를 입양하고 있지만 부유한 아시아인들이 백인 어린애를 양자로 삼지는 않을 것 같다. 많은 아시아인들이 이러한 문화적·인종적 혼합을 싫어한다. 입장이 바뀌었다면 아시아인들이 어떻게 느낄까? 수백만 명의 백인들이 중국, 한국, 일본, 말레이시아, 사우디아라비아와 인도에 이민 올 수밖에 없다면? 그들이 공동체를 만들고, 직장을 얻고, 신부를 데려오고, 수세대에 걸쳐 모국어를 고집하며 이주국의 언어 사용을 거부하고, 거기에다 본국의 종교적 극단주의를 지원한다면?

질투는 마라의 또 다른 화살이다. 질투는 패배자가 갖는 감정이다. 질투는 비이성적이고, 주의를 흩뜨리려고 이상한 이야기를 만들어낸다. 그것은 가장 예상치 않았던 때에, 심지어 당신이 음악을 들으며 즐기고 있을 때에도 공격해 온다. 비록 당신이 첼리스트가 될 생각이 없었고 결코 첼로를 만져본 적이 없음에도 불구하고, 결코 만나 본 적이 없는 죄 없는 첼리스트에게 질투를 느낄지 모른다. 그 첼리스트의 재능이 너무 뛰어나다는 이유만으로 당신 마음에 독이 뿌려진다.

세계는 미국을 질투한다. 미국인을 '악마' '제국주의자'라고 조롱하고 비난한 종교·정치 광들도 아직 영주권을 가지고 있지 않다면 그걸 얻으려고 갖은 애를 쓸 것이다. 순전히 질투 때문에 사회가 언론에 휘둘려 경제적으로나 육체적으로나 지성적으로 성공한 사람을 무너뜨리는 일도 있다. 어떤 언론인들은 패배자와 힘없는 사람 들을 보호한다고 주장하지만, 어떤 '패배자들'이 실은 광신도임을 지적하기 두려워할 때가 많다. 이런 언론인들은 어떤 비리도 들추려 하지 않기 때문에 용기 내어 말하는 소수의 사람들은 극단주의자라는 낙인이 찍힐 위험을 감수해야 한다.

마라는 제자를 더 많이 두고 싶은 이기적 욕망에서 교묘하게 자유를 설파하나, 어떤 사람이 실제로 자유를 행사하면 좋아하지 않는다. 근본적으로 우리는 자신을 위하여 자유를 원하지 다른 사람들을 위하여 원하지는 않는다. 어떤 사람들이 실제로 모든 자유를 행사한다면 우리는 모든 파티에 초대되지는 않을 것이 당연하다. 소위 자유와 민주주의는 마라가 활용하는 또 하나의 통제 도구이다.

_사랑의 조건을 우리는 다 알지 못한다

사람들은 모든 감정이 고통은 아니라고 생각할지 모른다. 사랑, 기쁨, 창조적 영감, 헌신, 황홀, 평화, 화합, 충족과 위안 같은 것들은 어떠한가? 우리는 시, 노래, 예술을 위하여 감정이 필요하다고 믿는다. '고통'에 관한 우리의 정의는 고정되지는 않았어도, 제한되어 있다. '고통'에 관한 싯다르타의 정의는 훨씬 더 광범위하고 더 구체적이고 분명하다.

욕구불만, 질투, 두통 같은 감정은 분명히 부정적인 특성을 가지나 다른 것들은 더욱 미묘하게 고통스럽다. 싯다르타에게는 불확실하거나 예측이 불가능한 특성을 가진 어떤 것도 고통이다. 사랑은 즐겁고 충족감을 줄지 모르지만 독립적으로 생겨나지는 않는다. 그것은 어떤 사람이나 어떤 것에 의존하고 예측이 불가능하다. 적어도 사람은 사랑의 대상에 의존하고 어떤 의미로는 항상 속박되어 있다. 그 외에도 감춰진 조건들은 무수하다. 이러한 이유로 불행한 유년 시절에 관하여 부모를 탓하거나, 부모의 불화에 대해 자신을 탓하는 것은 무익하다. 왜냐하면 이러한 상황들의 원인이 되는 많은 숨겨진 종속적 조건을 우리가 다 알지 못하기 때문이다.

'행복'과 '불행'에 해당하는 티베트어는 '랑왕'과 '센왕'이다. 이 단어는 사실 정확하게 번역하기 어렵다. '랑'은 자아를 의미하고 '왕'은 힘, 권리 또는 자격을 의미한다. 반면에 '센'은 남을 의미한다. 우리가 통제하고 있는 한 우리는 행복하다. 그러나 다른 사람에게 속박되면 불행하다. 따라서 '행복'은 완전한 통제, 자유, 권리, 여가를 가지며 장애와 구속이 전혀 없는 것이다. 행복은 선택하고 선택하지 않을 자유와 활동하고 쉴 자유를 의미한다.

건강을 생각해 비타민을 먹거나, 정신 차리려고 커피 한 잔을 마시는 등 자신에게 유리하도록 상황을 조정하기 위하여 할 수 있는 일이 있다. 그러나 지진해일이 발생하지 않도록 지구를 조용히 붙잡아 둘 수는 없다. 비둘기가 자동차 유리창에 부딪히지 않도록 할 수는 없다. 고속도로에서 다른 운전자들을 조정할 수는 없다. 안락하게 지내기 위해 다른 사람들을 즐겁게 해주려고 노력하는 일은 생활의 많은 부분을 차지한다. 항상 골나 있는 사람과 함께 있는 것은 좋은 삶이 아니다. 그러나 다른 사람들이 항상 명랑해지도록 할 수만은 없다. 시도해 볼 수 있고 때로는 성공할 것이다. 그러나 그것을 유지하는 일은 많은 것을 요구한다. 관계를 시작할 때, 딱 한 번 사랑한다고 말하는 것으로는 충분하지 않다. 꽃을 보내고 관심을 기울이는 등 끝까지 적절한 조치를 취해야 한다. 단 한 번만 실수해도 그때까지 쌓아올린 모든 것이 무너질지 모른다. 때로는 집중해야 하고 주의했어도 상대방이 오해하거나, 어떻게 수용해야 할지 모르거나, 전혀 받아들이지 않을지도 모른다. 한 젊은이가 꿈에 그리던 여인과의 저녁 식사를 기대하면서, 그 밤이 어떻게 전개될까, 어떻게 그녀에게 구애하여 마음을 사로잡을까 상상할 수 있다. 그러나 그것은 그의 상상이고 추측에 불과하다. 좋은 추측이건 엉터리 추측이건, 그것은 그저 추측일 따름이다. 근본적으로 항상 100퍼센트 준비할 수는 없다. 장애물이나 적 들이 우리에게 피해를 주기 위해서는 1퍼센트만 성공하면 된다. 한 마디의 말실수, 우연한 가스 폭발, 공항 안전 검색대 X레이 기계에서 한순간 무심코 시선 돌리기 등.

우리는 실제로 고통받지 않고, 또 설사 그렇다 해도 그다지 심하지 않다고 생각할지 모른다. 아무튼 빈민굴에 산다거나 르완다 대학살 때 희생당한 것은 아니니까 말이다. 많은 사람들은 생각한다. '나는 괜찮아, 나는 숨 쉬고 있어. 나는 아침을 먹고 있고, 모든 것이 예상대로 잘되고 있어. 나는 고통받지 않고 있어.' 그러나 이런 생각들이 의미하는 것은 무엇일까? 100퍼센트 진심일까? 더 좋아지려고 준비하는 일을 중단한 것일까? 모든 불안을 다 떨쳐 버린 걸까? 이러한 태도가 사람들이 이미 갖고 있는 것에 대한 진정한 만족과 감사에서 비롯한 것이라면 이러한 종류의 감사야말로 싯다르타가 추천한 바로 그것이다. 그러나 그러한 만족이 목격되는 일은 드물다. 인생에 더 많은 것이 있으리라 항상 보채는 느낌이 있고, 이 불만족이 고통을 불러온다.

싯다르타의 해결책은 감정에 대한 각성을 발전시키는 것이었다. 떠오르는 감정을 지각할 수만 있다면, 비록 조금일지라도 그 감정의 활동을 제약할 수 있다. 감정은 마치 보호자가 있는 십대 청소년처럼 된다. 누군가가 보고 있으면, 마라의 힘은 약해진다. 싯다르타는 독화살에 상처 입지 않았다. 그것이 환영일 뿐이라는 것을 각성하고 있었기 때문이다. 마찬가지로 우리 자신의 가장 강력한 감정도 꽃잎처럼 아무런 해가 되지 못한다. 아프사라스들이 싯다르타에게 접근했을 때, 싯다르타는 그들이 불의 고리처럼 단지 합성된 현상임을 분명히 볼 수 있었고, 따라서 아프사라스들은 매력을 잃어버렸다. 그들은 싯다르타를 자극할 수 없었다. 마찬가지로 우리가 욕망의 대상들이 실제로는 합성된 현상에 불과함을 깨닫는다면 유혹의 마력을 깨뜨릴 수 있다.

감정이 끼칠 수 있는 손해에 주의하기 시작하면, 각성이 일어난다. 각성을 하면, 자신이 낭떠러지 끝에 있음을 알게 되면, 앞에 놓여 있는 위험을 알아챈다. 그래도 계속해서 앞으로 나아갈 수 있다. 각성을 하고 낭떠러지 위를 걷는 것은 더 이상 무서운 일이 아니다. 사실 그것에는 전율이 있다. 두려움의 진정한 근원은 모르고 있는 것이다. 각성은 당신의 삶을 방해하지 않는다. 그것은 삶을 더욱 충만하게 한다. 차 한 잔 마시면서 덧없는 것들의 달고 씀을 안다면, 정말로 그 차의 맛을 즐기게 될 것이다.

셋째 장

모든 것에는 본래의 실체가 없다

싯다르타가 깨달음을 얻은 후 곧 그의 말들—우리는 그것을 법(다르마)이라고 부른다—이 인도인의 생활에 스며들기 시작했다. 법은 카스트 제도를 초월해 부자나 가난한 사람 모두의 마음을 움직였다. 기원전 3세기의 가장 위대한 왕 가운데 한 명인 아쇼카 왕은 자신의 권력을 굳히기 위해 아무 주저함 없이 친척들을 죽이는 무자비한 전사이자 폭군이었다. 그러나 결국엔 이런 아쇼카 왕까지도 법의 진리를 발견하고 평화주의자가 되었다. 오늘날 아쇼카 왕은 역사상 가장 유력한 불교의 후원자로 알려져 있다.

아쇼카 왕과 같은 후원자들의 덕택으로, 법은 지속적으로 융성해 모든 방향으로 전파되고 인도의 국경 너머 멀리까지 맥동했다. 1000년쯤 보드가야로부터 1천 킬로미터가 넘게 떨어진 티베트의 캬나트사 마을에 특출한 능력을 가진 또 한 명의 보통 사람이 탄생했다. 지옥과 같은 유년기 속에서 고통받은 이 젊은이는 흑마술 수련을 마친 후, 복수를 위해 10여 명의 친척과 이웃 들을 살해했다. 그러고는 집에서 도망쳐 나와 마르파라는 농부를 만났다. 마르파는 싯다르타가 일찍이 가르친 대로 인생의 길과 존재의 본질을 가르친 위대한 법사이자 번역가였다. 이 젊은이가 바로 티베트의 가장 유명한 요가 성인의 한 사람인 밀라레파다. 오늘날에도 그에 관한 노래와 이야기 들은 수많은 사람들에게 영감을 주고 있다. 그의 지혜의 유산은 끊이지 않고 스승에게서 제자에게로 전승되어 오고 있다.

밀라레파는 제자들에게 싯다르타의 가르침은 즐거움이나 자극을 위하여 읽고는 책장에 꽂아 버리는 다른 철학서와는 다르다고 가르쳤다. 우리는 그 법을 실제로 수행하고 일상생활에 적용할 수 있다. 밀라레파의 제자들 중 첫 세대에 레충파라는 명석한 학자가 있었다. 밀라레파는 철저히 수행하는 것이 책을 공부하는 것보다 낫다고 충고했지만, 그는 당시 가장 훌륭했던 불교철학 연구소에서 고전을 배우러 인도로 떠났다. 레충파는 위대한 인도의 학자 및 성인 들과 열심히 공부했다. 여러 해가 지난 후 그가 티베트로 돌아올 때, 옛 스승 밀라레파가 그를 맞이하려고 황량한 고원으로 나갔다.

서로 인사를 나누고 얼마 동안 레충파의 공부에 대해서 토론하고 있을 때, 갑자기 하늘에서 우박이 쏟아졌다. 탁 트인 평원에는 숨을 곳이 없었다. 밀라레파는 땅에서 야크 뿔을 발견해 재빨리 그 속으로 피했다. 뿔이 더 커지거나 밀라레파가 작아진 것도 아니었다. 마른 피신처에서 밀라레파는 레충파에게 야크 뿔 속에 여유가 있음을 알리는 노래를 불렀다. 제자가 공의 본질을 깨닫기만을 바라며.

여러분은 밀라레파의 야크 뿔 이야기를 우화에 불과하다고 생각할지 모른다. 또 쉽사리 믿는 사람이라면, 티베트의 요기가 부린 마술이라고 믿을지 모른다. 그러나 이제 알게 되겠지만, 둘 다 틀렸다.

_모든 것은 상대적이다

마라와 그의 군대를 정복함으로써 싯다르타는 존재가 본래 공함을 깨달았다. 싯다르타는 우리가 보고, 듣고, 느끼고, 상상하고 존재한다고 알고 있는 모든 것들이 단지 공한 것들이고, 그 위에다 우리가 어떤 '실재성'을 주거나 명명한 것임을 이해했다. 세계를 실재하는 것으로 명명하거나 인식하는 것은 강한 개인적·집단적 습관에서 비롯한다. 우리 모두가 이렇게 한다. 습관의 힘은 매우 강하고 공에 대한 개념은 너무 매력이 없어 싯다르타처럼 깨달음을 추구할 의지를 갖는 사람은 거의 없다. 그러는 대신 우리는 푸른 오아시스 신기루에 홀려 방향을 잃은 사막 여행자처럼 방황한다. 오아시스의 실체는 모래 위의 열이 반사된 것일 뿐이지만, 절망, 갈증, 희망 때문에 방황하는 사람은 그것을 물로 생각한다. 마지막 힘을 다하여 그곳에 이른 사람은 그것이 신기루라는 것을 깨닫고 실망한다.

자신은 그렇게 무모하지 않으며 잘 교육받았고 분별 있고 냉정하다고 생각한다 해도, 보고 느끼는 모든 것이 실제로 존재한다고 생각한다면 사막에서 오아시스를 본 사람처럼 행동하는 것과 다를 바 없다. 믿을 만한 인간관계, 안전, 인정, 성공을 추구하거나 단지 평화와 안식을 얻으려고 서둘러 나아간다. 바라는 것을 닮은 무엇인가를 잡는 데 성공할 수도 있다. 그러나 사막의 방랑자처럼 외부적인 것의 실체화에 의존한다면 우리는 결국 실망만 하고 말 것이다. 사물은 보이는 것과는 다르다. 사물은 무상하며, 우리가 완전히 통제할 수 있는 것이 아니다.

우리가 실제로 싯다르타처럼 분석한다면, '모양' '시간'

'공간' '방향' '크기' 같은 명칭들은 쉽게 떼어 낼 수 있는 것임을 알게 될 것이다. 싯다르타는 자아까지도 신기루처럼 상대적 수준에서만 존재함을 깨달았다. 이렇게 깨달음으로써 싯다르타는 기대, 실망, 고통의 순환을 끝낼 수 있었다. 해탈의 순간에 그는 생각했다.

'나는 심원하고, 평화롭고, 극단적이지 않고, 분명하고, 소망을 충족하는 감로와 같은 길을 찾았다. 내가 그것을 말하고자 하고 가르치고자 한다면, 듣고 생각하고 이해할 만한 사람이 하나도 없을 것이다. 그러니 나는 숲 속의 이 평화로운 상태에 머물겠다.'

싯다르타의 계획을 듣고, 제석천과 범천이 나타나서 그에게 숲 속에 은거하지 말고 다른 사람들을 위하여 가르침을 펴달라고 요청했다고 한다. 그들은 말했다.

"비록 모든 사람들이 당신의 가르침을 이해하지 못할지라도 적지만 이해할 사람들이 있을지 모릅니다. 그러니까 그 소수를 돕는 것은 가치 있는 일이 될 것입니다."

그들의 소망을 존중하여 싯다르타는 당시에도 지성인과 사상가 들이 모여들었던 갠지스 강가의 큰 도시 바나라시로 출발했다. 싯다르타가 바나라시 근처의 사르나트에 이르렀을 때, 오래전에 맹세를 깨고 수자타가 준 우유를 마셨다고 그를 버린 옛 동료들을 만났다. 싯다르타가 다가오는 것을 보자 그들은 곧 그를 무시하기로 공모했다. 그들은 일어서서 엎드리기는커녕 그에게 인사조차 않기로 했다. "저 엉터리가 온다." 그들은 냉소했다. 그러나 싯다르타처럼 공을 이해한 사람에겐 칭찬과 비난, 존경과 경멸, 선과 악은 전혀 중요하지 않았다. 모두 하찮은 해석에 불과하기 때문에 그것들이 견고한 것이라도 되는 것처럼 반응할 필요가 없었다. 따라서 싯다르타는 티끌만 한 허영심, 주저, 자만심 없이 나아갔다. 이러한 자의식이 없었으므로 싯다르타의 행보는 매우 당당하여 다섯 수행자들은 일어서지 않을 수 없었다. 싯다르타는 그때 그곳에서 최초로 법을 설했고, 옛 동료들은 싯다르타의 첫 제자가 되었다.

_우리의 논리는 제한되어 있다

가르치는 것이 쉽지 않은 일이라고 생각한 싯다르타는 옳았다. 탐욕, 자만, 물질주의를 추구하는 세계에서는 공의 궁극적 진리는 말할 것도 없고, 사랑, 자비, 박애 같은 기본적인 원리를 가르치는 것조차 어렵다. 우리는 단기적인 사고에 빠져 실용성에 묶여 있다. 시간과 정력을 투자할 가치가 있기 위해서는 무엇인가가 구체적이고 실용적이어야 한다고 생각한다. 그러한 기준에서 볼 때, 부처가 정의한 공은 전혀 소용이 없어 보인다. '현상 세계의 무상과 공함을 생각해서 무슨 이익이 있겠는가? 공이 어떻게 유익하겠는가?'

우리는 제한된 이론적 근거에 의해 무엇이 합리적이고 의미 있는 것인지에 대한 정의를 갖고 있다. 그러나 공은 그 제한을 초월한다. 그것은 마치 '공'의 개념이 우리 머릿속에 들어올 수 없는 것과 같다. 인간의 마음은 다른 수많은 논리적 체계들이 있음에도 불구하고 하나의 논리 체계에 근거하여 작용하기 때문이다. 이 순간에 앞서 수천 년의 역사가 있었다는 생각으로는 전 인류의 진화가 커피 한 모금이 목구멍을 내려가는 동안에 이루어졌다는 말을 이해할 수 없을 것이다. 마찬가지로 불교의 가르침에서 지옥에서의 하루가 이 세상에서의 5,000년과 같다고 하면 우리를 놀라게 해서 굴복시키려고 하는 말일 뿐이라고 생각한다. 그러나 가장 사랑하는 사람들과 보낸 일주일의 휴가를 상상해 보라. 그 시간은 손가락을 튕기는 것처럼 지나가 버린다. 반면에 난폭한 강간범들과 감옥에서 보낸 하룻밤은 영원히 지속될 것처럼 보인다. 이것을 지각하면, 시간에 대한 우리의 개념은 그다지 견실한 것이 아님을 깨닫기 시작한다.

어떤 사람들은 미지의 것이 '얼마쯤'은 사고 체계 속에 들어오는 것을 허용한다. 그런 사람들은 생각 속 공간의 일부를 투시력, 직관, 유령, 영혼의 반려 등의 가능성에 열어둔다. 그러나 대부분은 과학적인 것에 근거한 흑백논리에 의지한다. 한 줌의 소위 재능 있는 사람들이 인습을 넘어서는 용기와 기술을 가질 수도 있고, 그들의 견해가 너무나 터무니없지만 않다면, 살바도르 달리와 같은 예술가로 행세할 수도 있다. 또한 몇몇 유명한 요기(yogi)들은 고의로 인습적으로 수용되는 것을 '조금' 넘어서서 '신성한 광인'으로 존경받기도 한다. 그러나 당신이 진정으로 수용되는 경계를 훨씬 넘어서면, 완전한 공을 주장하면, 사람들은 당신을 비정상적이고 비합리적인 미친 사람이라고 생각할 것이다.

그러나 싯다르타는 비합리적이지 않았다. 싯다르타는 단지 인습적·합리적 사고가 제한되어 있다고 주장할 따름이다. 우리는 편안하게 느껴지는 영역을 넘어서는 것을 이해할 수도 없고 이해하려고도 하지 않는다. '어제, 오늘 그리고 내일'의 직선적인 개념이 '시간은 상대적이다'라고 말하는 것보다 훨씬 기능적이다. 우리는 '몸의 크기나 모양을 바꾸지 않고도 야크의 뿔 속으로 들어갈 수 있다'고 생각하지 못한다.

우리는 '작다'거나 '크다'는 개념을 깨뜨릴 수 없다. 우리는 끊임없이 여러 세대에 걸쳐 전승되어 온 안전하고 좁은 관점에 우리 자신을 가두고 있다. 그러나 이러한 관점들은 잘 검토해 보면 유효하지 않다. 이 세계가 그렇게 철저하게 의지하고 있는 직선적인 시간 개념은 시간에는 진정한 시작도 끝도 없다는 사실을 설명하지 못한다.

기껏해야 부정확할 뿐인 이러한 이론을 이용하여 우리는 사물이 '실제로 존재하는' 것처럼 그것을 측정하거나 명명한다. 이런 정당화의 과정에서 기능, 연속성, 일치가 주된 역할을 하고 있다. 어떤 것이 어떤 기능을 갖고 있다면—예를 들어, 당신의 손은 이 책을 듦으로써 기능을 한다—그것은 영원하고 궁극적이고 확실한 의미에서 존재함에 틀림없다고 생각한다. 손을 그린 그림은 같은 방법으로 기능하지 않으므로 우리는 그것이 실제로 손이 아님을 안다. 마찬가지로 어떤 것이 연속성을 지닌 것처럼 보이면—예를 들어, 어제 본 산이 오늘도 거기에 있다면—그것은 실재하며 내일도, 그 다음날도 그곳에 있으리라고 자신한다. 그리고 다른 사람들이 우리가 보는 것과 같은 것을 본다는 것을 확인하면, 이러한 것들이 진실로 존재한다고 더욱 확신한다.

물론 우리는 사물들이 실제로 존재함—이것은 실제로 존

재하는 내 손안에 있는 실제로 존재하는 책이다—을 의식적으로 합리화하거나 확인하거나 그것에 이름을 붙이는 것에 대하여 다각적으로 검토하지 않는다. 그러나 무의식적으로는 세계가 견실하게 존재하고 있다고 믿으며 활동하고, 이것이 매일 매 순간 어떻게 생각하고 느끼느냐에 영향을 미친다. 아주 드문 경우에만 거울이나 신기루를 보고 어떤 것들이 단지 겉모습에 지나지 않음을 알게 된다. 거울 속에는 살과 피가 없고, 신기루 속에는 물이 없다. 우리는 그 거울의 영상이 실제로 존재하지 않음을, 그것에 본래의 성질이 없음을 '안다.' 이러한 종류의 이해가 우리를 훨씬 더 멀리 데려갈 수 있다. 그러나 우리는 합리적 마음이 허용하는 범위까지만 간다.

사람이 몸의 크기를 바꾸지 않고 야크의 뿔 속으로 들어간다는 개념이 주어지면, 우리는 다음 두 가지 중에서 선택할 수 있다. 먼저, '합리적'으로 그것이 그저 불가능하다고 반박한다. 아니면 마술이나 맹목적 헌신에 대한 어떤 종류의 신비한 믿음을 적용하며 이렇게 말한다. "밀라레파는 위대한 요기였으니까 물론 이런 일, 아니 더 큰일도 할 수 있어요." 어느 쪽이든 우리의 견해는 왜곡된 것이다. 부정하는 것은 과소평가의 한 형태이고, 맹목적인 믿음은 과대평가의 한 형태이기 때문이다.

_어제의 강은 오늘의 강과 다르다

지칠 줄 모르고 행한 명상을 통하여 싯다르타는 평가하고, 합리화하고, 이름 붙이는 이러한 인습적인 형식에 결함이 있음을 분명히 보았다. 물론 그것들은 어느 한도 내에서는 작동한다. 세계는 이러한 인습에 기반을 두고 작동하는 것처럼 보인다. 우리가 무엇인가 진정으로, 실제로 존재하는 것에 관해 말할 때, 그것은 명확한 것이며, 상상이 아닌 실재적이고 입증할 수 있고 불변하는 무조건적인 것이라고 말한다. 물론 어떤 것들은 변한다고 말한다. 꽃봉오리는 꽃으로 변하지만, 꽃봉오리는 변하면서도 여전히 실제로 존재하는 꽃이라고 생각한다. 성장과 변화는 꽃의 본성에 대한 우리의 고정관념의 일부이다. 꽃이 영원히 변하지 않는다면, 우리는 무척 놀랄 것이다. 따라서 그러한 의미에서 변화에 대한 우리의 기대는 불변이다.

강은 항상 변하며 새로운 강물로 흘러간다. 그리고 우리는 여전히 그것을 강이라고 부른다. 1년 후에 다시 봐도 같은 강이라고 생각할 것이다. 그러나 그것이 어떻게 같을 수 있을까? 한 측면이나 특성을 분리해 보면 이 동일성은 붕괴한다. 물이 달라지고, 은하계에서의 지구의 위치가 달라지고, 나뭇잎들이 떨어져 다른 것으로 변했다. 남아 있는 것이라고는 모두 지난번에 보았을 때와 비슷한 강의 겉모습뿐이다. '겉모습'은 '진리'의 매우 불안정한 근거이다. 간단한 분석만으로도 우리의 인습적인 실재성에 대한 토대가 모호한 일반화와 가정임이 드러난다. 비록 싯다르타가 보통 사람들이 '진리'—상상한 것이 아니고, 명확하고, 불변하고, 무조건적인 진리—를 정의할 때 쓰는 단어와 비슷한 단어들을 사용했을지라도 그의 용법은 더욱 정확하다. 진리는 일반화된 것이 아니다. 싯다르타의 견해에 따르면, '불변'은 모든 차원에서 예외 없이, 철저히 분석을 해도 불변함을 의미한다.

'진리'에 대한 우리의 일반적인 정의는 부분적인 분석의 결과이다. 분석이 기분 좋은 결과에 이른다면, 그것이 우리가 원하는 것을 준다면, 우리는 그것을 넘어서지 않는다. '이것은 정말 샌드위치일까? 이것은 샌드위치와 같은 맛이 난다. 그러니까 나는 먹겠다.' 분석은 여기서 끝난다. 한 소년이 친구를 찾고 있다가 한 소녀를 보았는데 예뻐 보였다. 이 정도에서 소년은 분석을 끝내고 소녀에게 접근한다. 싯다르타의 분석은 샌드위치와 소녀가 단지 원자들에 불과함을 밝히고, 원자도 분석의 대상이 될 수 없을 때까지 멀리 더 멀리 진행된다. 그곳에서 아무것도 발견하지 못한 싯다르타는 실망으로부터 해방되었다.

싯다르타는 어떤 것이 진실로 존재함을 확인하는 유일한 방법은 그것이 해석, 조립, 변화로부터 독립적으로, 자유롭게 존재함을 입증하는 것임을 알아냈다. 싯다르타에게는 겉으로 보기에 일상적 — 물리적, 감정적 그리고 개념적 — 생존의 기능적인 메커니즘들은 그러한 정의의 밖에 놓인다. 그것들은 모두 불안정하고, 영속하지 않는 부분들이 모여 이루어졌기 때문에 항상 변한다. 우리는 이러한 주장을 인습적인 세계에서 이해할 수 있다. 예들 들어, 당신은 거울에 비친 자신의 모습이 실제로 존재하지 않는다고 말할 수 있다. 그것은 거울 앞에 당신이 서는 것에 의지하기 때문이다. 그것이 독립적이라면 당신의 얼굴이 없어도 거기에 비치는 것이 있어야 한다. 마찬가지로 무수히 많은 조건들에 의지하지 않고서는 아무것도 진실로 존재할 수 없다.

우리는 불의 고리를 보고 그것이 조립되는 조건을 어렵지 않게 이해한다. 이러한 부분들이 모두 함께 작용하는 한 그것이 실제로 불의 고리임을, 지금은 그렇다는 것을 인정한다.

그런데 왜 우리는 우리가 들고 있는 책이나 누워 있는 침대를 그런 방식으로 생각할 수 없을까? 그것은 책처럼 보이고, 다른 사람들도 그것을 책으로 보고, 그것은 책처럼 기능한다. 그러나 당신이 그것을 분석할 때, 불의 고리에서와 마찬가지로 '지금은'의 원리가 적용될 수 있다. 일생 동안 우리가 지각하는 모든 것도 마찬가지다. 단지 그렇게 볼 용기도 의지도 없을 뿐이다. 사물을 부분들로 나누어 볼 지성이 없으므로 사물을 전체로서 보는 것에 안주한다. 깃털이 모두 뽑혀 있다면, 더 이상 공작새에 경탄하지 않을 것이다. 그러나 우리는 기꺼이 굴복하여 이런 식으로 전 세계를 보지 않는다. 좋은 꿈을 꾸는데 희미하게 그것이 꿈이라는 것을 의식하면서도 깨어나기를 원하지 않아 새우잠을 자는 것과 같다. 또는 아름다운 무지개를 보면서 그것이 사라질 것이니 가까이 가지 않으려는 것과 같다. 깨어나서 조사해 보려는 용기 있는 정신을 갖는 것이 부처가 말하는 '포기'이다. 대중적인 믿음과는 반대로, 불교에서 말하는 포기는 자기 채찍질이나 금욕이 아니다. 싯다르타는 우리의 모든 존재가 실제로는 존재하지 않는 현상에 붙여진 이름에 지나지 않음을 보려고 했고, 보았다. 그것을 통하여 싯다르타는 깨달음을 체험하였다.

_부처는 마조히스트가 아니다

부처가 가르친 것에 대해 모호한 생각밖에 갖지 못한 사람들은 불교가 병적이고, 불교인들은 행복을 부정하고 오직 고통만을 생각한다고 여긴다. 불교인은 유혹에 불과하다는 이유로 아름다움과 육체적 즐거움을 피한다고 추측한다. 불교인은 청정하고 절제하는 사람들이어야 한다고 생각한다. 실제로 싯다르타의 가르침은 다른 개념들에 반대하지 않았던 것과 마찬가지로 아름다움과 쾌락에 반하는 편견을 가지고 있지는 않았다. 우리가 그러한 것들이 실제로 존재한다는 생각에 빠지지 않는 한 말이다.

싯다르타에게는 큰 지혜와 꾀를 가졌다고 알려진 재가제자 만주슈리(문수보살)라는 무사와 '부정관(不淨觀)'으로 잘 알려진 매우 근면하고 존경받는 비구가 있었다. 부정관은 탐욕적이고 색욕이 많은 사람들을 위한 처방이다. 그것은 모든 사람들이 혈관, 연골, 내장과 같은 것들로 이루어져 있다고 상상하는 것이다. 만주슈리는 자신의 초능력을 이용하여 그 근면한 비구를 시험해 보기로 했다. 만주슈리는 자신을 아름다운 정령으로 바꾸어 그 비구를 유혹하려고 앞에 나타났다. 얼마간 그 선량한 비구는 근육 하나 움직이지 않은 채 동요하지 않았다. 그러나 만주슈리는 매우 유혹적이어서, 비구는 그의 마력에 사로잡히기 시작했다. 그 비구는 깜짝 놀랐다. 그때까지 여러 해 동안 명상하면서 세상에서 가장 아름다운 여인들의 유혹을 물리치는 데 성공해 왔던 그 비구는 충격을 받고 도주했다. 그러나 만주슈리의 정령은 그가 기진하여 땅에 넘어질 때까지 쫓아갔다. 아름다운 여인의 모습을 한 만주슈리의 정령이 다가왔을 때 그 비구는 생각했다. '이제 틀렸다. 이 아름다운 여인이 나를 껴안으려 한다.' 그는 눈을 꼭 감고 기다렸다. 그러나 아무 일도 일어나지 않았다. 마침내 눈을 떴을 때, 여인은 조각조각 부서졌고 만주슈리가 웃으며 나타났다. "어떤 사람이 아름답다고 생각하는 것은 하나의 개념이다. 그 개념에 대한 집착이 너를 제한하고, 끈으로 묶고, 감옥에 집어넣는다. 다른 어떤 사람을 추하다고 생각하는 것 또한 하나의 개념이고, 그것 역시 너를 구속한다."

매년 우리는 자신과 환경을 매력적으로 만들려고 엄청난 돈을 쓴다. 그러나 무엇이 아름다움인가? 그것은 보는 사람의 눈 속에 있다고 말하는 사람도 있을 것이다. 그래도 수백만 명이 전 세계에서 가장 아름다운 사람이 누구인가 알려고 미스 유니버스 대회에 채널을 맞춘다. 열 명 정도의 수상자들이 우리에게 그 진위가 의심스러운 아름다움의 정의를 제공한다. 물론 의견이 다른 사람들도 있을 것이다. 이 세상에는 파푸아뉴기니의 아름다운 여인들이 있고, 길게 늘인 목에 고리를 걸고 있는 우아한 아프리카 부족 여인들도 있는데, 이들을 무시했다면서 말이다.

싯다르타가 미스 유니버스 대회에 참석했더라면, 그는 전혀 다른 종류의 아름다움을 봤을 것이다. 싯다르타의 눈에 왕관을 쓴 사람은 궁극의 미인이 될 수 없다. 그녀의 아름다움은 보는 사람들에게 의존하기 때문이다. '궁극'에 대한 싯다르타의 정의는 모든 조건들로부터의 독립성을 요구한다. 진정한 미인이 되기 위해서는 대회 우승이라는 조건이 필요 없다. 그런 것 없이도 모든 사람들이 궁극의 미인이라고 동의할 것이기 때문이다. 진정으로 아름답다면, 조금 덜 아름다운 순간도 없을 것이다. 하품할 때도, 코를 골 때도, 침을 흘릴 때도, 변기에 앉아 있을 때도, 늙어서도 항상 아름다워야 한다.

한 참가자가 다른 참가자보다 좀더 아름답거나 덜 아름답다고 보는 대신에 싯다르타는 모든 여인들이 추하고 아름다움에 있어 공하다고 볼 것이다. 싯다르타가 보는 아름다움은 대회 참가자들을 보는 수천수백만의 관점들 속에 있다. 세상의 그 많은 사람들 중에는 참가자들을 질투하는 사람도 있고, 자기 애인이나 딸, 엄마, 친구, 경쟁자로 보는 사람도 있을 것이다. 악어에게는 음식이고, 기생충에게는 숙주일 것이다. 싯다르타에게는 이 수많은 관점의 대열이 그 자체로서 놀라울 정도로 아름답다. 반면에 어떤 사람이 진정으로 그리고 궁극적으로 아름답다면, 그 사람은 영원히 그 아름다운 상태에 고정되고 말 것이다. 의상, 수영복, 조명, 립스틱 들이 필요 없을 것이다. 실제로는 그렇지 않으므로 우리는 대회를 연다. '지금은' 그 광경이 덧없는 불의 고리처럼 아름답다.

_나는 나 자신의 주인이다

불교에서는 마음으로 인지되는 것은 마음이 그것을 지각할 때까지는 그 어떤 것도 존재하는 것이 아니다. 그것은 마음에 의존한다. 그것은 독립적으로 존재하지 않으며 따라서 진정으로 존재하지 않는다. 그것이 '얼마쯤' 존재하지 않음을 말하는 것이 아니다. 불교인은 지각된 세계를 '상대적' 진리—보통 사람들의 마음에 의하여 측정되고 이름 붙여진 진리—라고 부른다. '궁극적' 진리가 되기 위해서는 조립된 것이어서는 안 되고, 상상의 산물이 되어서도 안 된다. '궁극적' 진리는 해석으로부터 독립적이어야 한다.

비록 싯다르타가 공을 깨달았지만, 공은 싯다르타나 그 밖에 다른 어떤 사람에 의하여 만들어진 것이 아니다. 공은 싯다르타가 드러낸 결과도 아니고, 사람들을 행복하게 만들기 위하여 개발된 이론도 아니다. 싯다르타가 그것을 가르쳤건 아니건, 역설적으로 공이 항상 있어 왔다고도 말할 수 없어도, 공은 항상 공이었다. 그것은 시간을 초월하고 형태가 없기 때문이다. 공은 존재의 부정으로 해석되어서는 안 된다. 즉 우리는 이 상대적인 세계가 존재하지 않는다고도 말할 수 없다. 무엇인가를 부정하려면 먼저 부정해야 할 무엇인가가 있어야 하기 때문이다. 공은 우리의 일상적 경험을 말살하지 않는다. 싯다르타는 결코 무엇인가 굉장한 것, 우리가 지각하는 것 대신에 더 좋고, 순수하고, 신성한 것이 있다고는 말하지 않았다. 세속적인 존재의 모습이나 기능을 부정하는 무정부주의자도 아니었다. 무지개가 형태가 없다거나 찻잔이 없다고 말하지 않았다. 경험을 즐긴다고 해서 경험한 그것이 실제로 존재함을 의미하지는 않는다. 싯다르타는 우리가 경험을 검증하고 그것이 백일몽처럼 일시적인 환영일 뿐일 수도 있다고 생각하라고 한 것이다.

누군가 당신에게 팔을 퍼덕이며 날아 보라고 한다면 당신은 할 수 없다고 대답할 것이다. 상대적인 세계에서의 경험에서 볼 때 인간이 나는 것은 야크의 뿔 속에 숨는 것이 불가능한 것처럼 물리적으로 불가능하기 때문이다. 그러나 하늘을 나는 꿈을 꾼다고 생각해 보자. 꿈속에서 누군가 사람은 날 수 없다고 한다면, 당신은 이렇게 말할 것이다. "아니에요, 난 날 수 있어요. 보실래요?" 그리고 당신은 날아갈 것이다. 싯다르타는 두 경우에 모두 동의할 것이다. 깨어 있을 때는 날수 '없고', 잠들었을 때는 날 수 '있다'. 그 이유는 원인과 조건들이 함께 모였거나 모이지 않았기 때문이다. 날 수 있는 데 필요한 조건은 꿈꾸는 것이다. 꿈을 꾸지 않을 때 당신은 날 수 없고, 꿈을 꿀 때 당신은 날 수 있다. 꿈을 꾸고 깨어난 후에도 날 수 있다고 계속 믿는다면 그것은 문제가 될 것이다. 떨어지고 실망할 것이다. 싯다르타는 상대적인 세계에서는 우리가 깨어 있을 때에도 그 자신이 이전의 생활에서 도망쳐 나온 밤의 궁녀들처럼 무지로 인해 잠들어 있다고 말한다. 적절한 원인과 조건 들이 함께 만나면 어떤 일도 일어날 수 있다. 그러나 그러한 조건들이 소멸하면 그 모습도 사라진다.

이 세상에서의 우리의 경험을 하나의 꿈으로 본 싯다르타는 그 경험이 마치 실제로 존재하는 것처럼 생각하며 꿈같은 상대적 세계에서 겉모습에 병적으로 집착하는 습성이 우리를 끝없는 고통과 불안의 순환 속에 던져 넣음을 발견하였다. 우리는 고치 속에서 동면하는 누에처럼 깊이 잠들어 있다. 우리는 우리의 생각, 상상, 희망, 공포, 미망에 근거하여 현실을 엮어 낸다. 우리의 고치는 매우 견고하고 복잡하다. 우리의 상상이 너무나 실재 같아서 우리는 고치 속에 갇혀 있다. 그러나 이 모두가 우리의 상상임을 깨달음으로써 우리는 자신을 자유롭게 할 수 있다.

이 꿈에서 깨어나는 데는 무한히 많은 길이 있다. 페요테(멕시코 산 선인장으로 만든 환각제)나 메스칼린(흥분제) 같은 물질들도 모호한 방식으로 '실재'의 환영 같은 측면을 줄 수 있다. 그러나 이런 약들은 전체적 깨달음을 주지 못한다. 이러한 각성은 외부의 물질에 의존하고 그 효과가 사라지면 그 경험도 역시 사라지기 때문이다. 정말로 나쁜 꿈을 꾸고 있다고 생각해 보자. 깨어나기 위해서는 지금 꿈을 꾸고 있다는 희미한 깨달음만 있으면 된다. 그 깨달음의 기미는 꿈속으로부터 올 수도 있다. 꿈속에서 무언가 이상한 일을 하면, 자기가 잠들어 있음을 깨닫도록 떠밀릴 수도 있다. 페요테와 메스칼린은 마음과 상상의 힘을 드러냄으로써 단기간 깨달음을 촉발할지 모른다. 환각은 환영이 얼마나 구체적이고 믿을 만한 것인지 깨닫는 데 도움을 준다. 그러나 이러한 물질들은 추천할 만한 것이 못 된다. 몸을 해칠 수 있는 인위적인 경험만을 주기 때문이다. 그러는 대신 우리는 외부의 입력에 의존하지 않고 단박에 그리고 영원히 깨어나려는 열망을 가져야 한다. 내부로부터 오는 깨달음이 훨씬 좋다. 우리에게 필요한 것은 습관적 방식, 상상, 탐욕에서 깨어나는 것이다. 마음의 훈련과 명상은 마음의 흐름 속에서 작동하는 가장 빠르고, 안전하고, 효과적인 방법이다. 싯다르타가 말했듯이 '나는 나 자신의 주인이다'.

_집착이 당신을 구속한다

싯다르타는 상대적인 세계에서 당신이 한 잔의 우롱차를 만들어 마실 수 있음을 완전히 이해하고 있었다. 싯다르타는 '차가 없다'거나 '차가 공하다'고 말하지 않을 것이다. 싯다르타가 무언가 말한다면, 그것은 차가 보이는 것과는 다르다는 이야기일 것이다. 예를 들어, 차는 뜨거운 물속에 담긴 오그라든 이파리들이다. 그러나 일부 차 애호가들은 그 이파리에 빠져 특별한 혼합물을 섞고, 아이언 드래곤 같은 이름을 붙이고, 적은 양을 비싼 값에 판다. 그들에게 그것은 물속에 있는 단순한 이파리가 아니다. 싯다르타가 가르침을 시작하고 약 1,500년이 지난 후에 그 법의 상속자 중 한 사람인 틸로파가 제자인 나로파에게 다음과 같은 말을 한 것은 바로 이 때문이었다. "너를 구속하는 것은 겉모습이 아니다. 너를 구속하는 것은 겉모습에 대한 집착이다."

옛날에 웃팔라라는 아름다운 비구니가 있었다. 어떤 사람이 그녀를 깊이 흠모하여 살그머니 접근하기 시작했다. 웃팔라는 피하려고 했으나 그는 집요했다. 마침내 어느 날 웃팔라가 그의 앞에 서자 그는 깜짝 놀랐다. 어떤 말을 할지 몰라 그는 그녀의 눈을 사랑한다고 불쑥 말했다. 그러자 웃팔라는 주저하지 않고 자기의 눈을 빼서 그에게 주었다. 그는 충격으로 사람이 얼마나 쉽게 부분들의 합성물에 빠져들고 집착하는지 알게 되었다. 충격과 공포를 극복한 그는 웃팔라의 제자가 되었다.

불교 우화에 이런 이야기가 있다. 두 행각 선승이 강을 건너려는데, 어떤 젊은 여인이 물살이 빠른 그 강을 건너가게 해달라고 했다. 그 두 비구는 모두 비구계를 받았기 때문에 여인을 만지는 것이 허락되지 않았다. 그러나 나이 든 비구가 주저하지 않고 그녀를 등에 업고 강을 건너갔다. 다른 쪽에 이르렀을 때, 그는 여인을 내려놓고는 아무 말도 않고 걸어갔다. 몇 시간 후 젊은 비구가 투덜댔다.

"우리는 비구가 아닌가요? 왜 그 여인을 옮겨주었어요?"

나이 많은 비구가 대답했다.

"나는 그녀를 오래전에 내려놓았네. 왜 자네는 아직도 그녀를 내려놓지 못하고 있는가?”

어떤 명석한 순간에 우리는 아름다움과 추함 같은 추상적인 개념의 공함을 볼 수도 있다. 아름다움과 추함은 결국 해석의 문제이다. 그러나 수리가 필요한 차, 지불해야 할 청구서, 건강을 위협하는 고혈압, 우리가 부양해야 할 가족과 같은 비추상적인 것들의 공함을 이해하는 것은 훨씬 더 어렵다. 이러한 것들을 환영으로 보지 않으려 하거나 볼 수 없는 것은 이해할 만하다. 고급 패션과 요리, 유명인이라는 신분, 엘리트 클럽의 회원권 같은 사치에 빠져 있을 때는 훨씬 더 어리석어진다. 많은 사람들이 타락해서 각 방마다 TV를 두거나 신발을 200켤레 정도 갖추는 것을 필요한 일이라 생각한다. 호화로운 부티크에서 나이키 운동복이나 아르마니 양복을 한 벌 사고 싶어 하는 것은 실용적인 생존의 충동을 한참 벗어난 것이다. 핸드백을 사려고 서로 다투는 일까지 벌어진다. 시장조사와 포장의 합성된 현상이 너무 복잡하고 계산적이어서 우리는 상표에 잘 속아 넘어가 물질적 가치와 상관없는 터무니없는 가격을 받아들인다.

대다수는 이러한 것들이 가치가 있다는 견해에 동의한다. 그렇기 때문에 루이뷔통을 사랑하는, 이미지를 의식하는 여자가 핸드백 그 자체에 실체가 없음은 말할 것도 없거니와 정품 핸드백에 대한 자신의 집착에도 실체가 없음을 이해하는 것은 어려운 일이다. 대중문화에 의해 강화된 부르주아 신분과 상표의 중요성은 우리의 마음속에서 더욱 굳어져 세계를 한층 더 인위적으로 만든다.

외상 수금원과 마케팅 천재들에게 조종되는 것 외에도 우리는 민주주의와 공산주의 같은 정치 제도, 개인의 권리 같은 추상적 개념과 낙태 반대, '죽을 권리' 같은 도덕적 입장에 의하여 밀고 당겨진다. 정치계는 이러한 명칭으로 가득 차 있어, 진정한 리더십이 있을 가능성은 거의 없다. 인류는 여러 종류의 리더십을 시험해 왔으며, 각각은 장점이 있었지만, 여전히 많은 사람들이 고통받고 있다. 정직한 지도자가 있을 수도 있겠지만, 선거에 이기기 위해서는 비록 그 문제에 강렬한 감정을 품고 있지 않을지라도 스스로에게 동성연애자 권리 옹호자라든가 반대자라든가 하는 딱지를 붙인다. 소위 민주주의적이라는 세계에서 잘 지내기 위해서는 비록 그것이 어리석은 입장일지라도 대다수가 생각하는 것에 마지못해 순응할 때가 종종 있음을 우리는 안다.

옛날에 가뭄에 시달리던 나라에서 존경받는 점쟁이가 이레 후에 마침내 비가 오리라고 예언했다. 그의 예언이 실현되자 크게 기뻐들 했다. 그는 다음엔 보석의 비를 예언했고 또

다시 예언이 들어맞았다. 백성들은 매우 행복했고 나라는 번영했다. 그 다음에 그 점쟁이는 이레 후에 또다시 비가 내릴 텐데, 그 비는 저주의 비라서 이 빗물을 마시는 사람은 미칠 것이라고 예언했다. 왕은 저주의 비를 마시지 않으려고 오염되지 않은 물을 많이 저장하라고 명령했다. 그러나 백성들은 물을 저장할 방법이 없었다. 비가 오자 그들은 그 물을 마시고 미쳐버렸다. 왕 혼자만이 '미치지 않았다'. 그러나 그는 미친 백성들을 통치할 수가 없어서, 마지막 수단으로 그도 그 물을 마시고 말았다. 백성들을 통치하기 위해서는 왕도 백성들의 미망을 공유해야 했다.

미스 유니버스 대회와 같이 우리가 이 세상에서 행하고 생각하는 것은 서로 공유하는 매우 제한된 논리 체계에 근거를 둔다. 우리는 합의를 매우 강조한다. 대다수가 어떤 것이 사실이라고 동의하면, 그것은 보통 정당화된다. 우리가 조그만 연못을 볼 때, 그것은 단지 연못일 뿐이다. 그러나 연못 속의 물고기들에겐 우주이다. 민주주의적 입장을 취한다면, 물속에 사는 생물들이 이길 것이다. 그들이 연못을 바라보는 우리보다 훨씬 더 많기 때문이다. 다수결의 원칙이 항상 좋은 것은 아니다. 끔찍한 블록버스터 영화가 엄청난 이익을 볼 수 있는 반면, 매력적인 독립영화들은 오직 소수의 사람들만이 본다. 우리가 집단적 사고에 의지하기 때문에 세계는 가끔 가장 근시안적이고 부패한 지도자에 의하여 통치된다. 민주주의는 공통분모에 호소한다.

_진리는 우화도, 마술도, 치명적인 것도 아니다

마음이 실용주의에 의하여 좌우되는 우리가 공을 이해하기는 어렵다. 그렇기 때문에 우리는 밀라레파가 야크 뿔 속으로 피한 것을 우화라고 무시해 버린다. 바다가 우물 속에 들어갈 수 없는 것처럼 우리의 작은 머릿속에 공은 들어올 수 없다.

옛날에 개구리 한 마리가 우물 속에서 살았다. 어느 날 그 개구리는 바다에서 온 개구리를 만났다. 바다 개구리는 바다에 관한 환상적인 이야기를 하며 그 광대함을 자랑했다. 그러나 우물 개구리는 그것을 믿을 수가 없었다. 우물 개구리는 자기의 우물을 세계에서 가장 크고 가장 멋있는 물 덩어리라고 생각했다. 우물 개구리는 평가의 기준도 경험도 없어 다르게 생각할 이유가 없었기 때문이다. 그래서 바다 개구리는 우물 개구리를 바다로 데려갔다. 광대한 바다를 본 우물 개구리는 심장마비로 죽고 말았다.

깨달음이 반드시 치명적인 것은 아니다. 우물 개구리처럼 공에 노출되었을 때 우리가 꼭 꼬꾸라져 죽는 것은 아니다. 바다 개구리가 좀더 자비롭고 노련했더라면 더 좋은 안내자가 되어 우물 개구리가 죽게 하지는 않았을 것이다. 아마도 우물 개구리는 결국 바다로 이주했을 것이다. 공을 이해하기 위하여 초자연적인 재능을 가질 필요는 없다. 그것은 사물을 모든 부분들과 숨겨진 원인, 조건 들로 보려고 하는 교육과 의욕의 문제이다. 이러한 통찰을 지니면 우리는 영화를 보러 가는 무대 장치가나 카메라 조수처럼 된다. 전문가들은 우리가 보는 것 너머를 본다. 그들은 카메라가 어디에 있는지, 어떤 렌즈와 조명장치가 사용되었는지, 컴퓨터가 어떻게 군중을 만들어내는지 등 관객이 모르는 영화 제작 기술들을 다 꿰고 있어 그들 앞에서 환영은 해체된다. 그래도 영화관에 가서 무척이나 즐길 수 있다. 싯다르타의 탁월한 유머도 이와 같다.

_우린 넥타이를 뱀으로 착각하는 겁쟁이

공을 보여주는 데 사용되는 불교의 고전적 예가 뱀과 밧줄이다. 뱀에 공포심을 갖고 있는 잭이라는 겁쟁이가 있다고 하자. 잭이 희미한 불빛이 비치는 방으로 들어가자 구석에 똬리를 틀고 있는 뱀을 보고 공포에 질린다. 실제로 그가 본 것은 아르마니 줄무늬 넥타이였으나, 두려움 속에서 그것을 뱀으로 오해하고 놀라서 죽을 지경에 이른 것이다. 실제로 존재하지도 않는 뱀 때문에 죽는 것이다. 그것이 뱀이라는 인상을 가질 때, 그가 경험하는 고통과 걱정은 일종의 정신적 덫이 된다. 이것이 불교에서 말하는 '윤회'다. 다행히도 잭의 친구인 톰이 방 안으로 들어왔다. 차분하고 분별력 있는 톰은 잭이 넥타이를 뱀으로 생각하고 있다는 것을 안다. 그는 불을 켜 뱀은 없고 잭이 뱀이라 생각한 것이 실제로는 넥타이였음을 설명할 수 있다. 잭은 자신의 안전을 확신한다. 이것이 '열반'이다. 열반은 해탈과 자유에 다름 아니다. 그러나 잭의 안심은, 우선 뱀이 없고 그에게 해를 끼칠 것은 아무것도 없음에도 불구하고 피해를 입는 것을 면했다는 그릇된 생각에 근거한다.

불을 켜고 뱀이 없다는 것을 보여줌으로써 톰은 뱀의 부재가 없다는 것 또한 말하고 있음을 이해하는 것이 중요하다. 즉 톰은 "뱀은 이제 없어"라고 말할 수 없다. 왜냐하면 뱀은 결코 거기에 없었기 때문이다. 톰은 싯다르타가 공을 만들지 않은 것처럼 뱀을 사라지도록 할 수 없다. 그렇기 때문에 싯다르타는 손을 흔들어서 다른 사람의 고통을 쓸어낼 수 없다고 주장한 것이다. 싯다르타의 해탈 또한 어떤 종류의 상처럼 조금씩 남에게 주거나 공유할 수 없다. 싯다르타가 할 수 있는 것은 자신의 경험에 비추어서 볼 때 우선 고통이란 것이 없다고 설명하는 것이 전부다. 그것은 우리를 위하여 불을 켜는 것과 같다.

톰이 잭이 공포로 질려 있음을 발견할 때, 선택할 수 있는 것은 다음과 같다. 직접 뱀이 없다고 지적하거나 '뱀'을 방 밖으로 내모는 것과 같은 교묘한 방법을 쓰는 것이다. 그러나 잭이 너무 공포에 떨어 불이 켜진 후에도 뱀과 넥타이를 구분할 수 없다면, 그리고 톰이 노련하지 않다면 그는 사태를 더 악화시킬 수도 있다. 톰이 잭의 면전에서 넥타이를 흔들어 댄다면 잭은 심장마비로 죽을 수 있다. 그러나 톰이 노련해서 잭이 미혹되어 있음을 안다면, 톰은 "뱀이 보이네"라고 말하며 조심스럽게 넥타이를 밖으로 가지고 나가 잭이 당분간 안심하게 만들 수 있다. 그때, 잭이 긴장을 풀었을 때, 뱀이 있지도 않았다는 것을 알 수 있도록 부드럽게 인도할 수 있을 것이다.

잭이 방에 들어가지 않았더라면, 오해가 없었다면, 뱀을 보거나 안 보거나 하는 이 모든 시나리오는 무효가 된다. 그러나 그가 뱀을 보았고, 그 시나리오에 말려들었고, 공포로 마비되었으므로 그는 도주할 방법을 원한 것이다. 싯다르타의 가르침은 이러한 해탈을 위한 한 수단이다. 엄밀하게 말해서 불교에는 신성함이 없지만, 법은 때로 '신성한' 길이라고 불린다. 길은 우리를 한 곳에서 다른 곳으로 인도하는 방법 또는 도구이다. 이 경우 길은 우리를 무지로부터 무지가 없는 곳으로 인도한다. 이때 우리는 '신성한'이라든지 '존경할 만한' 같은 말을 사용한다. 법의 지혜가 우리를 두려움과 고통으로부터 해방하는데, 그것은 일반적으로 신의 역할이기 때문이다.

인생에 관한 우리의 일상적 경험은 불확실성, 가끔의 기쁨, 불안 등 우리를 뱀처럼 똘똘 감고 있는 감정들로 가득 차 있다. 희망, 두려움, 야망, 일반적인 히스테리들은 어둠과 그림자를 만들어 뱀의 환영을 더욱더 생생하게 한다. 겁쟁이 잭처럼 우리는 어두운 방의 구석구석에서 해결책을 찾고 있다. 싯다르타의 가르침의 목적은 고통과 편집증이 모두 환영에 근거한다는 것을 우리 같은 겁쟁이들에게 이해시키는 것이었다.

비록 싯다르타가 지팡이를 흔들거나 어떤 신적인 능력을 발휘하여 고통을 없앨 수는 없었으나, 그는 매우 능숙하게 불을 켰다. 싯다르타는 진리를 발견하는 많은 길과 방법을 제공했다. 실제로 불교에는 따라야 할 수만 개의 길이 있다. 그렇다면 왜 그것을 하나의 방법으로 단순화하지 않는가? 여러 가지 병에 여러 종류의 약이 필요하듯 다른 종류의 습관, 문화, 태도에 따라 여러 가지 방법이 필요하다. 어떤 것을 따르는가는 제자의 마음의 상태와 스승이 가지고 있는 기술에 따라 다르다. 처음부터 모든 사람들에게 공으로 충격을 주는 대신 싯다르타는 제자들에게 명상과 계율 — '바른 일을 해라' '도둑질하지 말라' '거짓말 하지 말라' — 같은 대중적인 방법을 가르쳤다. 그는 제자들의 자질에 따라 삭발하는 것부터 육식을 금하는 것까지 다양한 수준의 포기와 금욕 수행을 처방했다. 처음부터 공을 듣거나 이해할 수 없는 사람들과 본성이 금욕 수행에 적합해 보이는 사람들에겐 종교적이고 엄격한 길이 효과적이다.

_깨달음을 얻으면 부처도 버려라

어떤 사람들은 엄격한 규율과 유덕한 행동이 불교의 요체라고 생각한다. 그러나 이것들은 부처가 제시한 교묘하고 다양한 방법들 중 작은 부분에 지나지 않는다. 부처는 모든 사람들이 처음부터 궁극적 진리를 이해할 수 없음을 알고 있었다. 우리들에게는 공의 개념은 말할 것도 없거니와 '지옥은 단지 당신의 공격성에 대한 지각에 불과하다'와 같은 개념도 이해하기가 어려운 것이다. 부처는 잭이 개인적 '지옥'에 갇히는 것을 원하지 않는다. 그러나 잭은 멍청하므로 부처는 그에게 자신의 지각과 공격성을 공부하라고 알려줄 수도 없다. 그래서 부처는 그런 잭을 위하여 외부에 지옥이 있고 그곳에 가서 끊임없이 끓는 뜨거운 쇳물 속에 들어가 있지 않으려면 부도덕하고 부정적인 행동과 감정을 끊으라고 가르친다. 그러한 가르침이 불교인의 환경에 스며들어 있다. 불교 사찰의 벽에는, 불타는 몸과 차가운 물이 가득한 무서운 골짜기가 있는 지옥계의 그림이 그려져 있다. 이러한 이미지들은 사람들에 따라 사실적이거나 은유적으로 받아들여질 수 있다. 뛰어난 능력을 가진 사람들은 일상생활에서의 지옥, 고통이 우리 자신의 지각에서 비롯함을 안다. 심판의 날도 없고 재판관도 없음을 안다. 밀라레파가 야크의 뿔 속에 들어갔을 때, 레충파는 위대한 법사가 되는 도중에 있었다. 그는 공을 지적으로 이해할 수 있는 엄청난 능력과 실제로 밀라레파를 야크의 뿔 속에서 '볼' 수 있는 충분한 깨달음을 얻었지만, 스승과 합류

하기에는 그 깨달음이 조금 부족했다. 부처의 최종 목표는 이 뛰어난 학생들처럼 잭에게 자신의 무지와 공격성을 떠난 지옥은 없음을 이해시키는 데 있다. 일시적이나마 부정적인 행동을 최소화하면 잭은 자신의 지각, 걱정, 편집증에 얽히는 것을 면하게 된다.

'업'이라는 말은 실제로 불교와 동의어처럼 쓰이고 있다. 그것은 보통 일종의 도덕적 응보 체계로 이해된다. '악'업과 '선'업. 그러나 업은 원인과 결과의 법칙일 뿐이며, 이것을 도덕이나 윤리와 혼동해서는 안 된다. 부처를 비롯해 어느 누구도 부정적이고 긍정적인 것에 대한 기본적인 입장을 설정하지 않았다. '모든 합성된 것은 무상하다'와 같은 진리로부터 우리를 이탈시키는 어떠한 동기나 행동도 부정적인 결과나 악업을 가져온다. 그리고 '모든 감정은 고통이다'와 같은 진리로 우리를 더 가깝게 데려가는 모든 행동은 긍정적인 결과나 선업을 불러온다. 결국 심판은 부처가 하지 않는다. 오직 당신만이 진정으로 당신 행동의 동기를 알고 있다.

제자 수부티와 토론하면서 싯다르타는 말했다. "부처를 모습으로 보거나 소리로 듣는 사람들은 그릇된 견해를 갖고 있다." 400년 뒤 위대한 인도 불교철학자인 나가르주나도 같은 말을 했다. 불교철학에 관한 그의 유명한 논저에서, 그는 한 장(章)을 전부 '부처의 분석'에 할애하며 궁극적으로 외부에 존재하는 부처는 없다고 결론지었다. 오늘날에도 불교인들이 "길에서 부처를 만나면 죽여라" 같은 말을 하는 것을 듣는 것은 이상한 일이 아니다. 이는 진정한 부처는 시간과 공간에 구속된, 외부에 존재하는 구세주가 아님을 의미한다. 고타마 붓다로 알려진 싯다르타라는 사람이 이 세상에 나타나 맨발로 동냥을 하며 마가다의 거리를 걸어 다녔다. 그는 법을 설하고, 병든 사람들을 간호하고, 카필라바스투에 있는 가족까지 방문했다. 불교인들이 이 육체를 가진 부처가 기원전 5세기에 인도에 살았음을 반박하지 않는 이유는 그가 인도에서 여러 세기에 걸쳐 영감의 근원이 되어 왔다는 역사적 기록이 있기 때문이다. 싯다르타는 위대한 스승이었고, 유식한 법사와 제자 들로 이루어진 긴 대열에서 제일 선봉에 선 사람이었다. 그뿐이다. 그래도 진지한 구도자에게는 영감이 전부이다.

싯다르타는 사람들에게 영감을 주기 위하여 수많은 교묘한 방법을 사용하였다. 어느 날 한 비구가 싯다르타의 옷이 찢어진 것을 보고 그것을 기워 주겠다고 했으나 그는 이를 거절했다. 싯다르타는 찢어진 옷을 입고 동냥을 하며 걸어갔다. 싯다르타가 가난한 여자의 은둔처로 향하자, 비구들은 그 여자가 그에게 줄 동냥이 없으므로 이상하게 생각했다. 싯다르타의 찢어진 옷을 본 그 여자는 조금 갖고 있는 실로 찢어진 옷을 꿰매 주겠다고 했다. 싯다르타는 그 제의를 받아들이고 그 공덕으로 그녀가 다음 생에 하늘나라의 여왕이 되리라고 말했다. 이 이야기는 많은 사람들에게 관대함을 고취했다.

또 하루는 싯다르타가 어떤 푸주한에게 살생이 부정적인 업을 만든다고 경고했다. 그러나 푸주한이 말했다. "저는 이것밖에 모른답니다. 이것이 내 생업이니까요." 싯다르타는 그 푸주한에게 적어도 해가 져서 다시 떠오를 때까지는 살생하지 않겠다고 맹세하라고 했다. 낮에 살생을 허락한 것은 아니었지만 싯다르타는 푸주한이 좋지 않은 행동을 점차 줄이도록 인도했다. 부처는 법을 가르치기 위하여 이처럼 교묘한 방편을 이용했다. 그는 마치 자신이 신인 것처럼 그 가난한 여인이 그의 옷을 기워 주었기 때문에 하늘나라에 간다고 말한 것이 아니었다. 복을 가져온 것은 그녀의 관대함이었다.

당신은 이것을 패러독스라 생각할지 모른다. 부처가 자신은 존재하지 않는다고, 모든 것이 공하다고 말하면서, 도덕성과 구제를 가르치는 모순된 말을 한다고 여길 것이다. 그러나 이러한 방법들은 공을 받아들일 준비가 되지 않은 사람들을 겁주지 않기 위해 필요한 것이다. 그것들은 진정한 가르침을 위해 완화되고 맞추어진 방법들이다. 넥타이를 뱀이라고 말하고 그것을 창밖으로 던져 버린다고 말하는 것과 같다. 이 무한한 방법들이 길이다. 그러나 강을 건너 저쪽 편 언덕에 이르면 배를 버리는 것처럼 길 자체도 종국엔 버려야 한다. 일단 반대편에 도착하면 상륙해야 한다. 완전히 깨달으면 불교도 버려야 한다. 영적인 길은 일시적인 해결책일 뿐이다. 공이 이해될 때까지 사용하는 하나의 플라시보일 뿐이다.

_공을 이해하면 얻게 되는 것들

당신은 아직도 공을 이해하면 어떤 이익이 있을지 궁금해할지 모른다. 공을 이해하면, 존재하는 것처럼 보이는 모든 것들을 올바로 평가할 수 있다. 그것들이 마치 실재하는 것처럼 환영에 매달리지도 않고 또 무지개를 좇는 어린애처럼 끝없이 실망하지도 않는다. 환영을 꿰뚫어 보고 그것을 만든 것이 자신임을 기억한다. 여전히 흥분하거나 감정적이거나 슬퍼하거나 화를 내거나 격정적일 수 있지만, 그것이 영화일 뿐임을 분명히 알고 있기 때문에 그것을 뒤에 남기고 영화관을 떠날 수 있는 자신감을 갖는다. 희망과 두려움은 적어도 뱀이 넥타이임을 깨달은 경우처럼 희석된다.

공을 깨닫지 못했을 때는, 즉 모든 것들이 환영임을 완전히 이해하지 못했을 때는, 세계가 실재하고 구체적이고 견고해 보인다. 우리들의 희망과 두려움도 견고해져 조정이 불가능해진다. 예를 들어, 당신이 가족에 대해 견고한 믿음을 가지면, 부모가 당신을 보살펴 주리라는 뿌리 깊은 기대를 갖게 된다. 길거리에서 마주치는 낯선 사람에겐 그러한 기대를 하지 않는다. 그에겐 그러한 책무가 없다. 합성된 현상을 이해하고 공을 이해하면 관계에 어떤 여유가 생긴다. 부모를 만들어낸 여러 가지 경험, 압력, 상황 들을 보기 시작하면 부모에 대한 기대가 변하고 당신의 실망도 줄어든다. 부모가 되어 이러한 상호 의존성을 조금만 이해해도 자녀들에 대한 기대는 효과적으로 경감한다. 아이들은 이런 기대를 사랑으로 이해할지도 모른다. 그러한 이해가 없어도 자녀를 사랑하고 보살피려는 좋은 의도를 가질 수는 있겠지만 우리의 기대와 요구가 견딜 수 없는 것이 될 수도 있다.

또한 공을 이해함으로써 사회가 세우고 허물어 버리는 모든 장식과 믿음 들—정치 제도, 과학 기술, 세계 경제, 자유로운 사회, UN 등—에 흥미를 잃고, 어린애들의 놀이에는 별로 관심을 갖지 않는 어른이 된다. 여러 해에 걸쳐 당신은 이러한 제도들을 신뢰해 왔고, 그것들이 과거의 체제가 실패한 곳에서 성공할 수 있으리라고 믿었다. 그러나 세계는 아직도 더 안전하고, 더 쾌적하고, 더 확실한 곳이 되지 못했다.

사회에서 손을 떼야 한다고 말하는 것이 아니다. 공을 이해했다고 무관심해진다는 것은 더더욱 아니다. 이와는 반대로 책임감과 자비의 감정을 갖게 된다. 잭이 소동을 피우며 모든 사람들에게 집 안에 뱀을 집어넣지 말라고 고함쳐도, 당신은 그가 미혹되어 그런 것을 알기 때문에 그를 동정한다. 다른 사람들은 그렇게 관대하지 않을지 모른다. 그래서 당신은 잭을 위해 몇 개의 불을 켜줄 수 있다. 총체적인 수준에서 당신은 여전히 당신의 개인적 권리를 위하여 투쟁하고, 직업을 갖고, 제도권 안에서 정치적으로 활발하게 활동할 것이다. 그러나 상황이 당신에게 유리하게 또는 불리하게 변해도 당신은 준비되어 있다. 바라고 기대하는 것들이 모두 실현되리라고 맹목적으로 믿지 않으며, 그 최종 결과에도 얽매이지 않는다.

어둠 속에 머물기를 택하는 사람이 대다수다. 그 안에 박혀 있는 네트워크를 깨뜨리고 나올 용기가 없기 때문에 일상생활을 만들어내는 환영을 볼 수 없다. 현재 하고 있는 일을 지속해 나가면 충분히 편안하거나 편안해지리라 생각한다. 그것은 이미 익숙한 길이 있는 미로에 들어가서는 다른 방향을 탐구하려고 하지 않는 것과 같다. 우리는 잃을 것이 너무 많다고 생각하기 때문에 모험을 하려 들지 않는다. 공의 견지에서 세상을 바라보게 되면 사회로부터 추방되고, 존경과 아울러 친구들, 가족과 직장을 잃어버리지나 않을까 두려워한다. 환영과 같은 세계의 유혹적인 매력은 도움이 안 된다. 그것은 아주 잘 포장되어 있다. 우리는 비누의 향이 얼마나 좋은지, 다이어트가 얼마나 효과적인지, 민주주의가 어째서 유일하게 생존할 수 있는 정치 체제인지, 비타민이 어떻게 체력을 증진시키는지 등의 메시지들로부터 폭격을 당하고 있다. 거기서 진실의 한 면 이상을 듣는 경우는 드물고, 여러 면을 듣는 경우에도 보통은 작은 활자에 그친다. 조지 부시가 이라크에 가서 "미국식 민주주의가 당신들 나라에서 성공할 수도 있고, 그렇지 않을 수도 있다"라고 선언하는 것을 상상해 보라.

영화관에 있는 어린애처럼 우리는 환영에 붙잡혀 있다. 여기서부터 우리의 모든 허영, 야망, 불안이 발생한다. 우리는 우리가 만든 환영을 사랑하고, 우리의 모습, 소유물과 성취에 과도한 자부심을 갖는다. 그것은 가면을 쓰고 그 가면이 진짜 당신이라고 자랑스럽게 생각하는 것과 같다.

옛날에 500마리의 원숭이가 있었는데, 그중 하나가 자기가 가장 머리 좋다고 생각했다. 어느 날 밤 이 원숭이는 호수에 비친 달을 보았다. 그리고 자랑스럽게 다른 원숭이들에게 알렸다. “만약 우리가 호수에 가서 달을 건져 올리면, 우리는 달을 구한 영웅들이 될 거야.” 처음에 다른 원숭이들은 그를 믿지 않았다. 그러나 달이 호수에 빠진 것을 직접 본 그들은 달을 구하기로 결정했다. 원숭이들은 나무에 올라가서 서로 꼬리를 잡고 내려가 가물거리는 달에 닿았다. 마지막 원숭이가 달을 잡으려고 하자 나뭇가지가 부러져 모두가 물속에 떨어졌다. 원숭이들은 헤엄칠 줄을 몰라 물속에서 허우적댔고 달의 모습은 잔물결로 부서졌다. 명예와 독창성에 굶주려 허덕이면서 우리도 이 원숭이들같이 우리가 매우 영리해서 사물을 발견했다고 생각하고 동료 인간들로 하여금 우리가 보는 것을 보도록, 생각하는 것을 생각하도록 설득하려고 한다. 구세주가 되고, 영리한 사람이 되고, 모든 것을 다 보는 사람이 되려는 야망으로. 우리에겐 소녀에게 인상을 주려는 소년의 것과 같은 작은 것에서부터 화성에 착륙하려는 것과 같은 큰 것까지 갖가지 야망들이 있다. 우리는 물속에서 아무것도 붙잡지 못하고 헤엄칠 줄도 모른 채 끝장나 버린다.

공을 이해했기 때문에 싯다르타는 보리수 아래 쿠사 풀 위에 있거나 왕궁의 비단 방석에 있거나 다 마찬가지였다. 금실로 엮어진 방석에 더 높은 가치를 두는 것은 인간의 야망과 욕망에 의하여 조작된 것이다. 실제로 산중의 은자는 쿠사 풀이 더 마음을 진정시키고 깨끗하다고 느낄지 모르고, 그것이 닳아도 걱정할 필요가 없기 때문에 무엇보다 좋을지도 모른다. 고양이가 발톱을 박지 못하도록 방석 안에 살충제를 뿌릴 필요가 없다. 왕궁은 감시자를 필요로 하는 그러한 '귀중한 물건들'로 가득 차 있다. 그러나 굳이 선택해야 한다면, 싯다르타는 간수할 것이 많지 않은 풀 방석을 선택할 것이다.

우리 인간들은 넓은 마음을 덕이라고 생각한다. 마음을 넓게 쓰려면 편안하고 익숙한 것에만 안주해서는 안 된다. 규범을 초월하고 일상적 논리의 한계 속에 머물지 않으려는 용기가 필요하다. 그 한계를 넘어선다면 공은 우스울 정도로 단순하다. 밀라레파가 야크 뿔 속으로 피신하는 것이 어떤 사람이 장갑을 끼는 것보다 더 놀라운 일이 아니다. 도전해야 할 것은 똑같은 옛 논리, 문법, 알파벳, 수학 방정식에 대한 우리의 집착에 있다. 이러한 습성들이 합성된 것임을 기억한다면 그것들을 자르고 나갈 수 있다. 그것들은 깨뜨리기 불가능한 것들이 아니다. 조건들이 아주 적절해졌을 때, 적시에 하나의 정보가 주어지기만 하면 된다. 그때 갑자기 당신이 의지하는 모든 도구들이 그렇게 견고한 것이 아님을, 그것들이 탄성이 있어 휘어질 수 있음을 깨닫게 될 것이다. 관점이 바뀔 것이다. 당신이 신임하는 어떤 사람이, 당신이 여러 해 원망해오던 여성이 사실은 변장한 부의 여신이라고 알려주면, 그녀를 보는 당신의 눈이 완전히 달라질 것이다. 마찬가지로 근사한 레스토랑에서 맛있는 스테이크를 다양한 소스를 뿌려 한 조각씩 씹어 가며 즐기고 있을 때 주방장이 그것이 사실은 인육임을 알려주면, 갑자기 그 경험은 180도 달라질 것이다. 맛있다는 생각이 구역질나게 될 것이다.

500마리의 코끼리에 대한 꿈에서 깨어났을 때, 그 코끼리들이 어떻게 방 안으로 들어왔는지 이상하게 생각되지 않는다. 왜냐하면 그것들은 꿈꾸기 전에나, 도중에나, 그 후에도 원래 존재하지 않기 때문이다. 그럼에도 꿈꿀 때 그것은 완전히 실재한다. 어느 날 당신은 단순히 지적으로 이해하는 것이 아니라 깨닫게 될 것이다. '크다'나 '작다', '이득'이나 '손해' 같은 것들은 존재하지 않음을, 그것이 상대적이라는 것을. 그러면 우리는 밀라레파가 어떻게 야크 뿔 속으로 들어갔는가를, 왜 아쇼카 왕 같은 폭군이 이 진리에 머리를 조아려 절하고 승복했는지를 이해할 것이다.

넷째 장

열반은 개념을 초월한다

불교인들에 의하면, 싯다르타는 깨달음을 얻기 전에 무수한 생을 새, 원숭이, 코끼리, 왕, 여왕으로 살았고, 그중 많은 생을 중생을 이롭게 하기 위해 무지를 극복하는 것을 유일한 목적으로 삼은 보살로 살았다.

그러나 싯다르타가 마침내 보리수 아래서 마라를 이기고 윤회의 건너편에 있는 저 언덕에 이른 것은 인도 왕자로서의 생에서였다. 이 상태를 '열반'이라고 부른다. 그후 싯다르타는 바라나시 근처의 사르나트에서 처음으로 법을 설했고, 여생을 북인도에서 지속적으로 가르침을 펴면서 보냈다. 그의 제자들은 비구, 비구니, 왕, 전사, 궁녀, 상인 들이었다. 아내 야쇼다라와 아들 라훌라를 포함한 싯다르타의 가족들 중 많은 사람들이 수도자가 되었다. 싯다르타는 인도 전역은 물론 그 너머의 사람들에게서도 지존으로 존경받았다. 그러나 싯다르타는 불사신이 되지는 않았다. 오랜 기간 가르침을 편 후 쿠쉬나가르에서 열반했다. 그 순간 싯다르타는 열반을 넘어 '무여열반'에 들었다.

_천국은 마지막 휴가지?

열반, 깨달음, 해탈, 자유, 천국. 많이들 사용은 하지만 제대로 아는 사람이 거의 없는 단어들이다. 이 단어들이 나타내는 곳에 이르는 것은 어떤 것일까? 비록 서로 아주 다르다 해도 천국과 열반에 관한 우리의 생각은 대략 같은 특성을 지닌다. 천국/열반은 내야 할 돈을 잘 내고, 수행하고, 좋은 시민으로 지내면 죽은 후 가는 곳이다. 선량하지 않은 다른 망자들은 그 아래에서 고통을 받는 반면, 모든 '선량한' 죽은 사람들은 모두 그곳에 모이기 때문에 옛 친구들을 만날 수 있을 것이다. 우리는 마침내 인생의 신비를 풀고, 못 다한 일을 마치고, 보상을 하고, 어쩌면 전생을 볼 수 있을지도 모른다. 생식기가 없는 작은 애들이 날아다니며 옷을 다려준다. 필요와 요구에 맞는 집이 있고, 규칙을 지키는 다른 사람들의 공동체가 있다. 결코 창이나 문을 닫을 필요가 없고, 경찰도 필요 없다. 정치가들이 있어도 모두 믿을 수 있고 정직하다. 모든 것이 우리의 취향에 맞는다. 매우 쾌적한 은퇴 후의 집 같다. 천리안과 전지한 능력을 사용하면서 흰 빛, 무지개, 구름으로 싸여 있는 광활하고 황홀한 곳에서 쉬는 것을 상상하는 사람도 있을 것이다. 거기엔 죽음의 두려움이 없다. 왜냐하면 이미 죽어서 잃을 것이 없기 때문이다. 걱정이 있다면 남겨두고 온 친구들과 가족들에 대한 것뿐이다.

싯다르타는 내생에 대한 이러한 관념들이 환상임을 발견했다. 자세히 들여다보면 천국에 대한 전형적인 전망은 매력적이지도 않고 깨달음도 아니다. 은퇴, 허니문, 피크닉은 즐겁다. 그러나 계속 그런 상태라면 그렇지도 않다. 꿈꾸던 휴가가 너무 길면, 집이 그리워질 것이다. 완벽한 일상이 있어 고통과 위험이 없다면, 그 일상은 지루할 것이다. 고통과 위험이 존재함을 깨닫는 순간, 당신은 둘 중 하나를 선택할 수 있다. 겸손해지거나 고통받는 사람들에 대한 동정으로 가득 차거나. 그것은 천국답지 않다.

속세에서는 탐정, 스릴러, 에로 영화 들을 볼 수 있다. 천국에서는 외설적 언어나 자극적인 옷차림을 즐길 수 없다. 당신은 모든 것을 알고 있으므로 그 모든 것들의 배후에 무엇이 있는지를 알기 때문이다. 속세에서는 5일간 열심히 일하고 주말을 즐겁게 보낼 수 있다. 계절의 변화와 최신 소프트웨어를 즐길 수 있다. 아침에 신문을 펴 들고 세계에서 일어나는 모든 불행한 일들에 관해서 읽거나, 세계의 지도자가 된다면 어떤 일을 할 것인지 공상할 수 있다. 이 모든 '단순한 즐거움'이 진짜 문제들이다. 그것도 명백히 드러나 있는 문제들이다. 맥주를 들고 축구를 본다면, 온전히 2시간 동안 게임을 볼 수밖에 없다. 다른 일을 할 수 없고, 방해를 받기 쉬운데다 케이블 사용료와 식료품비도 지급해야 한다. 콜레스테롤 수치가 높아져 다른 팀이 득점하면 심장마비가 일어날 위험도 있다.

이와는 대조적으로 우리가 상상하는 깨달음은 문제가 없는 불변의 구역이다. 우리는 장애가 없는 상황을 다룰 수 있을까? 그곳에서는 행복을 준다고 믿어지는 긴장, 성취, 즐거움 없이 지내야 할 것이다. 확실히 에미넴 팬들은 천국에서 듣는 음악에 싫증을 낼 것이다. 우리가 상상한 것과 같은 깨달음을 수용한다면, 스릴 넘치는 영화는 즐길 수 없을 것이다. 모든 것을 알 수 있는 능력이 놀라운 결말을 망쳐 버릴 것이기 때문이다. 이길 줄 뻔히 아는 경마에서 흥분이 일 리 없다.

불멸은 보통 깨달음이나 천국의 또 하나의 속성이다. 일단 구름 속의 새 집에 이르기만 하면, 다시는 죽지 않을 것이고 따라서 영원히 살 수밖에 없다. 우리는 고정되는 것이다. 거기에 탈출구는 없다. 꿈꾸어 왔던 모든 것이 있지만 탈출구, 놀라움, 도전, 만족, 자유의지는 없다. 더 이상 필요하지 않기 때문이다. 이 모든 것을 고려할 때 그리고 현재의 우리의 관점에서 볼 때, 깨달음은 지루함의 궁극적 상태이다.

그러나 대부분은 내생에 대한 이런 생각을 비판적으로 살펴보지 않는다. 일반적인 의미에서 마지막에 쉬는 좋은 곳으로 모호하게 남겨두는 것을 더 좋아한다. 우리가 갈망하는 깨달음은 영원한 것으로, 말하자면 일종의 영원한 거처라고 말이다. 또 어떤 사람들은 우리에게는 없는 일종의 특수 능력을 지닌 신이나 더 높은 존재가 되어 속세에 잠시 들렀다 갈 수 있다고 생각할지도 모른다. 외교관들이 갖고 다니는 특수 여권 같은 천사용 면제 특권을 소지하고. 면제 특권과 고위의 지위 때문에 사랑하는 사람들을 위한 비자를 마련해서 함께 데려올 수 있다고 말이다. 그러나 의문이 생긴다. 만약 이 새 이주자들의 일부가 그들만의 사고방식을 가지고 있다면, 예를 들어 다른 천국 사람들을 혼란스럽게 하는 요란한 양말을 좋아한다면, 천국에 문제가 생기지 않을까? 그리고 만약 모든 '좋은 사람들'에게 천국이나 열반의 회원권이 주어진다면, 어떤 행복설이 우세하게 될까?

우리가 어떻게 정의하든, 모든 존재의 궁극적 목표는 행복이다. 행복이 천국이나 깨달음에서 없어서는 안 되는 부분이라는 것은 이상한 일이 아니다. 좋은 내세에는 항상 갈망해왔던 것을 마침내 얻는 일이 있어야 한다. 일반적으로 사람들은 천국이란 곳에서는 현재와 비슷한 체제에서 사는 것으로 생각한다. 차이가 있다면 그 시스템은 더 정교하고 더 잘 작동된다는 점뿐이다.

_목표는 행복이 아니다

사람들 대부분은 영적인 길에서의 궁극적인 성취는 오직 금생이 끝난 후에 이루어진다고 믿는다. 우리는 부정한 환경과 몸에 고착되어 있으므로 완전히 성공하기 위해서는 죽어야 한다. 오직 죽은 다음에야 신이나 깨달음의 상태를 경험하게 될 것이다. 따라서 금생에서 우리가 할 수 있는 최선의 일은 그것을 위해 준비하는 것이다. 지금 우리가 하는 일이 천국에 갈 것인가 아니면 지옥에 갈 것인가를 결정한다. 이미 희망을 잃어버린 사람들도 있다. 이들은 자신이 본래 나쁘거나 사악해서 천국에 갈 자격이 없다고 생각한다. 그들은 지옥에 갈 운명이었다. 마찬가지로 많은 불교인들이 지적으로는 모두가 고타마 붓다와 같은 잠재력과 성품을 가지고 있음을 이해하고 있으나, 감정적으로는 깨달음의 황금 문에 접근할 수 있는 자질과 능력이 자신에게는 없다고 느끼고 있다. 적어도 금생에는 말이다.

싯다르타에게 천국이나 열반은 어떤 장소가 아니다. 그것은 미혹이라는 감금용 특수복에서 해방되는 것을 의미한다. 물리적 장소를 구체적으로 지적하라고 한다면, 지금 바로 당신이 앉아 있는 곳이 열반이 될 수 있다. 싯다르타에게는 인도 비하르 주의 보리수 아래 마른 쿠사 풀을 깐 편편한 돌 위였다. 오늘날에는 누구라도 그 물리적 장소에 갈 수 있다. 싯다르타 판 자유는 독점적인 것이 아니었다. 그것은 개인의 용기와 지혜, 근면에 의해서 금생에서 얻을 수 있는 것이다. 이러한 잠재력이 없는 사람은 아무도 없다. 지옥에 갇혀 있는 존재들에게도 이러한 잠재력이 있다.

싯다르타의 목표는 행복해지는 것이 아니었다. 싯다르타의 길이 궁극적으로 향하고 있는 것은 행복이 아니었다. 그것은 고통으로부터, 자유와 미혹과 혼란으로부터의 자유로 직행하는 길이다. 그것은 이 모든 이원적 개념을 초월하는 것이다. 열반은 평화다. 법을 가르치는 싯다르타의 목표는 뱀에 대한 공포로 고통받는 잭과 같은 사람들을 완전히 자유롭게 하는 것이다. 이는 잭이 자신은 뱀의 위험에 처해 있지 않다는 것을 깨달아서 안도하는 것을 넘어서야 함을 의미한다. 그는 처음부터 결코 뱀이 없었고, 아르마니 넥타이가 있었을 뿐임을 깨달아야 한다. 즉 싯다르타의 목적은 잭의 고통을 덜어 준 다음 고통의 원인은 본래 존재하지 않았음을 깨닫도록 돕는 것이다.

단순히 진리를 이해하는 것만으로 깨달음을 얻는다고 말할 수 있다. 진리를 이해하는 만큼 '십지(十地. 불교에서 대승의 보살 수행 과정상 거치는 10단계의 경지로 환희지, 이구지, 발광지, 염혜지, 난승지, 현전지, 원행지, 부동지, 선혜지, 법운지가 있다)'로 불리는 깨달음의 단계들을 통하여 전진할 수 있다. 어린애가 극장에서 무서운 괴물을 보고 놀라면, 그 애를 무대 뒤 분장실에 있는 배우에게 데려가 두려움을 줄여줄 수 있다. 마찬가지로 당신도 모든 현상의 배후를 보고 진리를 이해할 수 있는 만큼 자유로워진다. 배우가 가면을 벗기만 해도, 두려움은 줄어든다. 진리의 일부만이라도 이해하면, 그만큼의 자유가 생긴다.

조각가가 대리석으로 아름다운 여인을 창조할 수는 있지

만, 그러려면 우선 창조물에 대해 더 잘 알아야 한다. 갈라테아를 조각해 낸 피그말리온처럼, 우리는 친구도 적도 만들고는 곧 잊어버린다. 우리에겐 각성이 없음으로 이런 창조물이 어떤 견고한 실체로 변하고, 우리는 더욱더 그것에 말려든다. 모든 것이 당신이 창조한 것임을 지적으로만 아는 것이 아니라 완전히 깨닫게 되면, 당신은 완전히 자유로워진다.

불교에서는 행복이 개념일 뿐이라고 여긴다 해도, 불교 서적들은 여전히 깨달음을 기술하기 위해 '지복' 같은 용어를 사용한다. 열반은 실로 즐거운 상태로 이해될 수 있다. 왜냐하면 혼란도 없고, 무지도 없고, 행복도 없고, 불행도 없는 것이 지복이기 때문이다. 뱀과 같은 혼란과 무지의 근원이 원래 존재하지 않았음을 아는 것이 훨씬 더 좋다. 악몽에서 깨어나면 크게 안도한다. 그러나 지복은 처음부터 꿈을 꾸지 않는 것이다. 이러한 의미에서 지복은 행복과 다르다. 싯다르타는 제자들에게 윤회에서 해탈하기를 진정으로 바란다면, 이 세상이나 내세에서 평화와 행복을 찾는 것은 무익하다는 것을 강조했다.

_행복은 덫이다

부처에게는 아내를 열정적으로 사랑하는 사촌동생 난다가 있었다. 그들은 서로에게 빠져 밤낮으로 떨어질 수가 없었다. 부처는 사촌동생이 탐닉에서 깨어날 때가 왔음을 알았다. 그래서 그는 난다의 집에 동냥을 하러 갔다. 사랑에 빠진 난다는 대개 방문객들을 만나지 않고 쫓아냈으나, 부처에게는 특별한 힘이 있었다. 수많은 생을 통해 결코 거짓말을 하지 않았고 이러한 공덕으로 그는 말로 설득하는 능력을 갖게 되었다. 문지기로부터 부처가 문밖에 있다는 말을 듣고, 난다는 마지못해 사랑의 보금자리에서 일어났다. 그는 최소한 사촌 형을 맞이하기는 해야 한다고 생각했다. 난다가 나가기 전에 아내는 엄지손가락에 침을 발라 그의 이마에 원을 그려 주며 마르기 전에 돌아오라고 했다. 난다가 시주를 하려고 나오자 부처는 그에게 정말로 희귀하고 환상적인 어떤 것을 보러 가자고 했다. 난다는 변명을 하며 안 가려고 했으나 부처가 고집했다.

두 사람은 원숭이들이 많이 사는 산으로 갔다. 거기에는 혹이 많은 외눈 암원숭이도 있었다. 부처가 난다에게 물었다. "네 아내와 이 원숭이 중 누가 더 예쁘냐?" 물론 난다는 아내가 예쁘다고 말하고 아내가 주는 기쁨을 모두 이야기했다. 아내 이야기를 하면서 난다는 이마의 침이 오래전에 말라버린 것을 깨닫고, 집으로 돌아가려고 했다. 그러나 부처는 난다를 수많은 아름다운 여신들과 천국의 보물이 산처럼 쌓여 있는 도솔천으로 데리고 갔다. 부처가 물었다. "네 아내와 이 여신들 중 누가 더 아름다우냐?" 이번에 난다는 절하며 이 여신들에 비하면 아내는 암원숭이와 같다고 대답했다. 그러자 부처는 난다에게 모든 보물, 여신 들과 호위병 가운데 비어 있는 화려한 왕좌를 보여주었다. 두려움에 질린 난다가 물었다. "누가 여기에 앉나요?" 부처는 여신들에게 물어보라고 했다. 여신들이 말했다. "땅에 난다라는 사람이 있는데 곧 비구가 되려고 합니다. 덕행으로 그는 하늘나라에 왕생하여 이 왕좌에 앉을 것인데, 우리가 그 시중을 들 것입니다." 난다는 즉시 부처에게 비구가 되게 해달라고 청했다.

속세로 돌아온 난다는 비구가 되었다. 그리고 부처는 둘째 사촌동생인 아난다를 불러 다른 비구들은 모두 난다를 피하라고 지시했다. 그들은 어떤 희생을 치르더라도 난다를 피해야 했다. "한데 어울리지 마라. 너희들은 뜻이 다르므로 생각도 달라야 하고, 물론 행동도 달라야 한다. 너희들은 깨달음을 구하지만, 그는 행복을 구하고 있기 때문이다." 비구들은 난다를 피했고, 난다는 슬프고 외로워졌다. 난다는 부처에게 소외된 느낌을 말했다. 부처는 그에게 다시 한 번 자기를 따라오라고 했다. 이번엔 지옥에 가서 모든 종류의 고문, 손발이 잘리는 사람, 질식되는 사람 들을 보았다. 이 모든 아수라장의 중앙에 엄청나게 큰 솥이 있었는데, 그 주위에 지옥의 귀신들이 모여 크게 뭔가를 준비하고 있었다. 부처가 난다에게 그들에게 무엇을 하려는지 물어보라고 했다. 그들이 대답했다. "땅에 지금 난다라는 비구가 있다. 그는 비구이기 때문에 하늘나라에 가서 오랫동안 지내게 될 것이다. 그러나 윤회의 뿌리를 자르지 않아 하늘나라의 즐거움에 빠질 것이다. 그래서 좋은 상황을 더 많이 만들려고 애쓰지 않을 것이다. 그의 복이 다하면 곧장 이 솥에 떨어질 것이고, 그렇게 되면 우리가 그를 삶을 것이다." 그 순간 난다는 그가 불행뿐만 아니라 행복도 포기해야 함을 깨달았다.

난다의 이야기는 우리가 모두 쾌락에 탐닉하고 있음을 보여준다. 난다처럼 우리는 더 좋은 행복이 나타나면 곧 지금의 행복을 버린다. 외눈 암원숭이는 아내의 아름다움을 확신하게 해주었다. 그러나 여신을 보자 난다는 주저하지 않고 아내를 버렸다. 깨달음이 단지 행복을 얻는 것에 지나지 않는다면, 더 좋은 것이 나타나면 깨달음은 버려질 수 있다. 행복이란 일생의 토대로 삼기에는 취약한 전제이다.

우리 인간은 깨달은 존재를 우리 자신의 입장에서 생각하는 경향이 있다. 현재 살아 있고 숨을 쉬는 깨달은 존재보다 먼 곳에 있어 흐릿한 가공의 깨달은 존재를 상상하는 것이 더 쉽다. 우리의 마음속에서 그러한 존재는 모든 최상의 인간이 갖춘 특성 외에도 뛰어난 자질과 능력을 가진 눈부신 존재여야 하기 때문이다. 진정으로 열심히 노력하면 깨달음을 얻을 수 있으리라 생각하는 사람도 있을지 모른다. 그러나 이런 고상한 이미지를 품고 있는 우리 마음에 '열심히 노력한다'는 것은 수백만의 내생을 위해 전력을 다하고 모든 종류의 달콤한 것들을 희생해야 한다는 것을 의미할지도 모른다. 애써 고민할 때 이런 생각이 들 수도 있을 것이다.

그러나 대개 우리에겐 그럴 시간이 없다. 그건 너무 피곤한 일이기 때문이다. 세속적인 습관을 버리는 것이 얼마나 어려운지 알게 되면, 깨달음에는 이를 수 없을 것처럼 보인다. 담배도 끊지 못하는데 열정이나 노여움, 부정의 습관을 어떻게 버릴 수 있겠는가? 많은 사람들이 스스로 그렇게 할 자신이 없으므로 구세주나 구루에게 우리를 위한 정화를 부탁해야 한다고 생각한다. 그러나 상호 의존의 진리에 대한 올바른 정보와 그것을 적용하는 약간의 훈련만으로도 이 모든 비관주의는 필요가 없어진다.

_포도주 잔 씻기와 숯 희게 만들기

깨달음은 경험을 통해서 얻은 지식이 의심을 초월하듯이 의심을 초월한다. 우리는 깨달음을 가로막는 번뇌와 혼란이 그 자리에 고정되어 있지 않음을 철저하게 이해해야 한다. 장애물은 완고하고 영원해 보일지 모르지만, 실제로는 합성된 불안정한 현상들이다. 합성된 현상들은 서로 의존하고 조작될 수 있다는 이치를 이해함으로써 우리는 그 현상들의 일시적인 성질을 알게 되고 완전히 제거할 수 있다는 결론에 이를 수 있다.

우리의 본성은 포도주 잔과 같고 번뇌와 미망은 먼지, 지문과 같다. 잔에 본래 먼지와 지문이 있던 것이 아니다. 잔이 더러워지면, 습관적인 마음은 잔에 먼지가 낀 것이라고 생각하지 않고 잔이 더럽다고 생각한다. 이 오염 물질들은 제거될 수 있다. 잔이 더럽다면, 유일한 선택은 잔 자체를 없애는 것이다. 잔과 먼지가 한데 합쳐 한 물건 즉 더러운 잔이 된 것이기 때문이다. 그러나 사실은 이와 다르다. 먼지와 지문 그리고 그 외의 다른 물질들은 여러 가지 원인으로 나타난다. 그것들은 일시적이다. 우리는 여러 가지 다른 방법으로 그 먼지를 씻어낼 수 있다. 강물이나 개수대, 식기세척기에서 씻을 수도 있고, 다른 사람을 시켜 씻을 수도 있다. 그러나 어떤 방법을 사용하건, 의도하는 바는 먼지를 없애는 것이지 잔을 없애는 것이 아니다. 잔을 씻는 것과 먼지를 씻는 것에는 커다란 차이가 있다. 그것이 단지 의미론적 차이에 지나지 않으며, 접시를 씻는다는 것은 접시로부터 오물을 씻어내는 것을 의미하고, 이것은 부처도 동의할 것이라고 주장할지도 모른다. 그러나 만약 잔이 전과 조금 달라졌다고 생각한다면, 그것은 틀린 생각이다. 본래 잔에 지문이 없었기 때문에 때를 없애도 잔은 달라지지 않는다. 그것은 당신이 가게에서 산 바로 그 잔이기 때문이다.

본래 자기는 화가 많고 무지한 사람이라 여겨 깨달음을 얻을 수 있는 자신의 능력을 의심한다면, 자신의 본성이 영구히 청정하지 못하고 더럽다고 생각하는 것이다. 그러나 포도주 잔의 지문처럼 이러한 감정들은 우리 본성의 일부가 아니다. 우리는 단지 부도덕한 사람들과 사귀거나 행동의 결과를 이해하지 못하는 등의 좋지 않은 상황에서 비롯한 오물들을 끌어 모은 것일 뿐이다. 원초적으로 더러움이 없는 상태, 청정한 본성을 '불성'이라 부른다. 그러나 더러움과 그 결과로 생긴 감정들이 너무 오래 머물고 강해져 우리의 두 번째 천성이 되어 항상 우리를 덮고 있다. 희망이 없다고 생각하는 것이 놀라운 일은 아니다.

희망을 되찾기 위해서 수행하는 사람들은 생각할 수 있다. '내 포도주 잔은 깨끗해질 수 있다.' 또는 '내 존재는 부정적인 것으로부터 청정해질 수 있다.' 이것은 잭이 뱀을 없애야 한다고 생각하는 것처럼 상황을 다소 순진하게 보는 것이다. 그럼에도 때로 그것은 사물의 진정한 원초적 본성을 볼 수 있을 때까지는 필요한 준비 단계가 된다. 모든 현상이 존재하기 이전의 청정함을 지각할 수 없다면, 최소한 청정한 상태가 성취될 수 있다고 믿는 것이 우리를 앞으로 나아가게 한다. 뱀을 없애려고 하는 잭처럼 우리는 미혹을 없애려고 하고, 그것이 가능함을 알고 있으므로 시도할 용기를 갖는다. 번뇌의 원인과 조건을 약화시키는 약을 사용하기만 하면 된다. 예를 들어, 노여움을 극복하기 위해 사랑과 자비심을 끌어낸다. 접시를 열심히 닦는 것이 접시를 깨끗이 할 수 있다는 믿음에서 비롯하는 것처럼, 미혹을 없애려고 열심히 노력하는 것은 우리가 불성을 갖고 있다는 믿음에서 나온다. 음식 오물을 없앨 수 있음을 알기 때문에 더러운 접시를 물속에 집어넣는다. 숯을 하얗게 씻으라고 한다면, 우리는 그러한 열의와 자신을 가질 수 없을 것이다.

_폭풍우 어둠 속에 빛나는 섬광

그러나 우리가 어떻게 그처럼 두터운 무지, 어둠과 혼란 속에서 불성을 찾을 수 있을까? 바다에서 길을 잃은 선원들이 처음 희망을 갖게 되는 것은 폭풍우 어둠 속에서 빛나는 불빛을 볼 때이다. 그들은 그 빛의 근원인 등대를 향해 간다. 사랑과 자비는 불성에서 나오는 빛과 같다. 처음에 불성은 우리가 볼 수 없는 어떤 개념일 뿐이지만, 사랑과 자비심을 가지면 우리는 결국 그것을 향하여 나아갈 수 있다. 탐욕, 증오, 무지의 어둠 속에서 길을 잃은 사람들이 자기 안의 불성을 보는 것은 어려울지 모른다. 불성이 너무 멀리 있기 때문에 그것이 존재하지 않는다고 생각할지 모른다. 그러나 가장 어둡고 가장 난폭한 사람들의 내부에도 짧고 희미하지만 사랑과 자비의 섬광이 있다. 이 희미한 섬광에 주의를 기울이고 빛의 방향을 향하여 에너지를 투자하면, 불성을 밝혀낼 수 있다.

이러한 이유로 사랑과 자비는 무지가 완전히 사라진 곳으로 가는 가장 안전한 길로 칭송된다. 싯다르타의 최초의 자비행은 초기의 환생에서 뜻밖의 장소에서 행해졌다. 즉 보살이 아니라 자신의 악행의 과보로 지옥의 주민으로 있을 때였다. 마귀가 싯다르타와 친구 뒤에서 무자비하게 채찍으로 때리며 지옥 불 속에서 마차를 끌게 했다. 싯다르타는 아주 강했으나 허약한 친구는 더욱 심하게 채찍을 맞았다.

친구가 매 맞는 것을 보자 싯다르타는 자비심의 고통이 느껴졌다. 그는 마귀에게 빌었다. "저 친구를 보내주시오. 내가 두 사람 몫의 짐을 옮기겠소." 화가 난 마귀가 싯다르타의 머리를 후려갈겼고 싯다르타는 죽어 더 높은 세계에서 환생했다. 죽음의 순간에 나타난 그 자비심의 불꽃이 다음 환생에서 더욱 커지고 밝아진 것이다.

사랑과 자비와 함께 우리를 불성의 깨달음으로 더 가까이 이끄는 수많은 길들이 있다. 자신과 모든 다른 존재들이 기본적으로 선하다는 것을 이해하기만 해도, 우리는 성취에 더욱 가까이 갈 수 있다. 그것은 귀중한 다이아몬드 반지를 잘못 두었지만, 최소한 다른 광대한 산에서 잃어버린 것은 아니고 보석상자에 둔 것을 생각해내는 것과 같다.

비록 우리가 깨달음에 대해 '성취' '희망' '기도' 같은 단어를 사용한다 해도, 궁극적으로는 외부로부터 깨달음을 얻는 것은 아니다. 더 정확히 표현하자면 깨달음은 항상 거기에 있는 것이므로 '발견'하는 것이다. 깨달음은 우리 본성의 한 부분이다. 우리의 본성은 황금의 조상(彫像)과 같다. 이 황금의 조상은 더러움과 무지라는 틀 안에 있다. 틀이 조상의 일부분이 아닌 것처럼 무지와 감정은 우리 본성에 본래 있는 부분이 아니기 때문에 거기에는 원초적 순수 같은 어떤 것이 있다. 틀이 깨지면 조상이 나타난다. 더러움이 제거되면 본성이 드러난다. 불성은 진정 존재하는 신성한 영혼이나 실재가 아님을 이해하는 것이 중요하다.

_깨닫는다는 것은 어떤 것인가?

우리는 아직도 '행복도 불행도 아니라면 도대체 깨달음이 무엇일까' 하고 의아해할지 모른다. 깨달은 존재는 어떻게 나타나고 기능하는가? 불성을 발견하면 어떤 느낌이 들까?

불교 경전에 이러한 질문이 나오면, 그 대답은 보통 그것은 우리의 개념을 초월하여 표현할 수 없다는 것이다. 많은 사람들이 이것을 대답을 피하는 교활한 방법으로 오해해 왔던 듯하다. 그러나 실제로 이것이 대답이다. 우리의 논리, 언어, 상징은 매우 제한되어 있어 안도의 느낌과 같은 세속적인 것도 충분히 표현할 수 없다. 언어는 다른 사람에게 안도의 전체적 경험을 전달하기엔 불충분하다. 양자역학자들까지도 그들의 이론을 표현할 단어를 찾기가 어려운데, 우리가 어떻게 깨달음을 표현할 어휘를 찾을 수 있으리라 기대할 수 있겠는가? 오직 제한된 양의 논리와 언어만 사용되고 여전히 감정에 장악된 현재의 상황에 붙들려 있으므로 깨달음이 어떠할까 상상할 수 있을 뿐이다. 그러나 때로 열심히 논리적으로 추리하면 근사치를 얻을 수 있다. 산봉우리에서 피어오르는 연기를 보고 거기에 불이 났음을 추측할 수 있듯이 말이다. 우리가 가지고 있는 것을 사용하면, 미혹이란 조작하여 없앨 수 있는 원인과 조건 들에서 비롯한 것임을 알아내고 인정할 수 있다. 더럽혀진 감정과 부정적인 것이 없는 상태를 상상하는 것이 깨달음의 본질을 이해하는 첫 걸음이다.

가령 두통이 생겼다 하자. 당신은 즉시 구제를 원할 것이고 그것은 가능하다. 두통이 본래 당신이란 존재의 일부가 아님을 알고 있기 때문이다. 그런 다음엔 두통이 왜 생겼는지를 알려고 할 것이다. 수면 부족이 아닐까, 스트레스 때문일까 하며 말이다. 그러고는 아스피린을 먹거나 누워 잠을 자는 등 적절한 치료를 하여 두통을 없앤다.

바라나시에서 첫 설법을 행하면서 싯다르타는 네 가지 성스러운 진리로 알려진 다음의 네 단계를 가르쳤다. 고통을 알아라. 고통의 원인을 버려라. 고통을 없애는 길을 닦아라. 고통이 없앨 수 있는 것임을 알아라. 왜 싯다르타가 '고통을 알아라' 하고 지적해야 했을까 의아해하는 사람이 있을지 모른다. 고통을 당할 때 우리는 그것을 알 만큼 지성적이지 않은 걸까? 불행하게도 우리는 오직 고통이 최고조에 이르렀을 때에야 비로소 그것이 고통임을 깨닫고 괴로워한다. 즐겁게 아이스크림을 먹고 있는 사람에게 그가 고통을 당하고 있음을 확신시키는 것은 어려운 일이다. 그 사람은 의사가 콜레스테롤을 낮추고 체중을 줄이라고 경고한 것을 기억해 낼 수도 있을 것이다. 또 이 외관상의 즐거움을, 아이스크림을 갈망할 때부터 지방과 콜레스테롤을 걱정할 때까지 탐구한다면 그것이 불안한 시간이었음을 알게 될 것이다.

노여움 같은 감정을 한나절 동안 적절한 방법으로 억누를 수 있다고는 인정하기 쉬우나, 감정을 영원히 사라지게 할 수 있다고 인정하는 것은 정신적인 도전이 될 것이다. 노여움을 부분적으로 없앤 사람이 보통 조용하고 침착해 보이는 것을 상상할 수 있다면, 한 걸음 더 나가 노여움을 영원히 없앤 사람도 상상할 수 있다. 그렇다면 모든 감정을 초월한 사람은 어떻게 행동할 것인가? 맹목적으로 믿는 사람들은 아마 구름 위에서 가부좌를 하고 있는 어떤 온순한 사람을 상상할지 모른다. 그러나 회의적인 사람들은 이런 사람이 식물처럼 반응이 없고 활기가 없을 것이라고 생각할지 모른다. 만약 존재하기라도 한다면 말이다.

깨달음의 상태를 표현할 수 없고 깨달은 존재들을 보통 사람과 같다고 할 수 없어도, 질문은 할 수 있다. "싯다르타는 누구인가? 그가 한 일이 어떤 것이길래 놀랍고 강력하다는 것일까? 그 비상한 업적이란 게 과연 무엇인가?" 불교에서 깨달은 존재는 초능력이나 제3의 눈 같은 육체적 특징으로 판단되지 않는다. 부처가 매우 평온하고, 황금빛으로 빛나며, 부드러운 손과 왕다운 태도를 지닌 것으로 묘사될 때가 많지만, 이러한 묘사는 주로 순진한 농부나 잭과 같은 사람들에게 호소하는 것일 뿐이다. 진정한 불교 경전은 허공을 날고 마법을 부리는 부처의 능력을 자랑하지 않는다. 그보다는 신도들에게 이러한 중요하지 않은 특징들에 감동하지 말라고 거듭하여 경고한다. 부처가 그런 능력들을 가졌을지는 모르지만, 그것은 결코 부처의 가장 위대한 성취로 간주되지 않는다. 부처의 가장 위대한 성취는 진리를 이해한 것이다. 우리를 한 번에 영원히 고통으로부터 해방시키는 것은 진리에 대한 이해이기 때문이다. 그것이 진정한 기적이다. 부처는 우리와 마찬가지로 늙어 병들어 죽는 현상을 보았다. 그러나 그에게는 그 뿌리가 되는 원인을 찾으려는 마음이 생겼다. 이 또한 기적이다. 모든 합성된 것들은 덧없다는 것을 깨달은 것은 부처의 궁극적 승리이다. 외부에 존재하는 어떤 적에 대한 승리를 자랑하는 대신에, 부처는 진정한 적은 자아에 대한 우리의 집착이고, 자아에 대한 집착을 쳐부수는 것이 실재하는 것이건 상상한 것이건 모든 초자연적인 기적보다 훨씬 더 위대한 기적임을 발견했다.

비록 시간과 공간이 상대적임을 발견한 것이 현대 과학자들의 공로라지만, 싯다르타는 2,500년 전에 어떤 연구비 보조나 실험장치 없이 같은 결론에 도달했다. 이 또한 기적이다. 우리의 자유가 타인들의 은총에 의지한다는 개념에 얽매인 당시의 많은 사람들(그리고 오늘날의 많은 우리들)과는 달리 부처는 모든 존재가 본래 청정하다는 것을 발견했다. 이것을 알게 됨으로써 모든 존재는 자신을 자유롭게 할 수 있는 능력을 갖는다. 평생을 은거하면서 명상하는 대신 비록 그것을 가르치고 이해시키는 것이 아무리 어렵다고 해도 부처는 이 획기적인 발견을 모든 존재와 공유하려는 믿을 수 없는 자비심을 가졌다. 그는 앉아서 향을 피우고 호흡을 관찰하는 단순한 방법부터 복잡한 관상과 명상에 이르기까지 수만 가지 길을 고안해 냈다. 이것이 바로 부처의 비상한 능력이다.

_공간과 시간을 초월한 자의 이익

싯다르타가 깨달음에 이르자 그는 부처로 알려졌다. '부처'는 어떤 개인의 이름이 아니고, 어떤 마음의 상태에 대한 명칭이다. 부처라는 단어는 두 가지 측면을 갖는 하나의 특성으로 정의된다. 그 두 가지 측면은 '성취한 사람'과 '깨달은 사람'이다. 다른 말로 하면, 번뇌를 정화한 사람과 지식을 얻은 사람이다. 보리수 아래서 깨달음으로써 부처는 주관과 객관과 같은 개념의 늪 속에 빠진 이성의 상태에서 깨어났다. 그는 합성된 어떤 것도 영원히 존재할 수 없음을 깨달았다. 그는 자아에 대한 집착에서 비롯하는 어떠한 감정도 우리를 지복에 이르게 하지 못함을 깨달았다. 그는 진정으로 존재하는 자아도 없고 지각되는 현상 중 진정으로 존재하는 것도 없음을 깨달았다. 그리고 깨달음마저도 개념을 초월함을 깨달았다. 이러한 깨달음이야말로 소위 '부처의 지혜'이고, 진리 전체에 대한 자각이다. 부처는 모든 것을 다 안다고 말한다. 이것은 그가 전 세계의 모든 대학에 가서 모든 책을 다 외웠다는 것을 의미하지 않는다. 이러한 공부는 깨달은 지혜와 같지 않다. 왜냐하면 그것은 주관과 객관에 근거하고 그 자체의 한계, 법칙, 목표에 구속된 이원적 지식이기 때문이다. 분명히 알 수 있듯이 오늘날 우리가 갖고 있는 모든 과학적 지식에도 불구하고 세계는 더 좋아지지 않았다. 실제로는 더 나빠졌는지도 모른다. '전지'란 유식함을 의미하지 않는다. 모든 것을 다 안다고 말하는 것은 '알지 못함'이 없고 '무지가 없음'을 뜻한다.

부처는 한 걸음 더 나아가 다른 사람들도 역시 고통의 사슬을 끊을 수 있도록 깨달은 마음의 진리를 가르쳐 주었다. 이러한 자비 때문에 최고로 존경받는 것이다. 어떤 사람이 모르고 지뢰가 깔린 들판 속으로 걸어 들어가려고 할 때, 우리는 그에게 알리지 않은 채 재빨리 지뢰의 신관을 제거할 수 있다. 그러나 그것은 그 사람을 일시적으로 보호할 뿐이고, 완전한 진실을 제공하지는 못한다. 그 사람에게 그 방향으로 얼마쯤 가면 지뢰가 묻혀 있다고 알려주면 바로 앞이나 먼 미래의 고통에서 그 사람을 구해 줄 수 있을 것이다. 그러면 그 사람은 앞으로 나아갈 수 있고, 그 지식을 남과 공유할 수도 있다. 마찬가지로 부처는 사람들에게 부자가 되고 싶으면 남에게 관대해야 하고, 적을 정복하고 싶으면 자비로워야 함을 가르쳤다. 부자가 되고 싶으면 먼저 만족할 줄 알아야 하고, 적을 정복하려면 먼저 자신의 노여움을 극복해야 한다고 충고했다. 궁극적으로 그는 자아를 해체함으로써 고통의 뿌리를 자를 수 있음을 가르쳤다. 자아가 없다면 고통도 없기 때문이다.

싯다르타의 가르침에 감사하여 그를 따르던 제자들은 부처가 매우 강하여 전 우주를 한 원자 위에 세울 수 있다고 하며 노래와 기도문을 지어서 부처를 찬양하고 존경하였다. 어떤 제자들은 '부처의 국토'에 다시 태어나기를 바랐다. 부처의 국토는 극히 작은 입자 크기의 정토로서 거기서 우주의 원자 수만큼의 부처들이 각기 자기 제자들을 가르치는 것으로 기술된다. 밀라레파의 야크 뿔처럼, 믿지 않는 사람들은 이것을 종교적 우화로 읽겠지만 믿는 사람들은 '물론 부처는 이 일을 할 수 있어, 그는 전능하니까'라고 생각하면서 무비판적으로 이를 수용할지도 모른다. 그러나 가장 작은 것도 가장 큰 것도 없으며, 어떤 이원적인 구별도 없다는 것을 깨달은 공의 견지에서 진리를 생각해 본다면, 부처가 힘들이지 않고 세계를 들어서 한 원자 위에 놓을 수 있다는 것이 분명해진다. 큰 것도 작은 것도 없다고 이해하는 것 그 자체가 이에 필요한 모든 힘이다. 이렇게 보는 것을 가로막는 습성을 없애는 것은 가능하나, 우리의 제한된 논리가 그것을 방해한다. 우리는 아름답고 날씬해도 거울 속에 비치는 자신을 수용할 수 없는 거식증 환자나 대식증 환자와 같다. 다른 사람들은 왜 당신이 자신을 뚱뚱하다고 생각하는지 그 이유를 모르고 있다. 부처는 이러한 모든 미혹을 없애고 시간, 공간, 젠더, 가치 같은 모든 것들에 이원성이 없는 것을 보았기 때문에 우주를 한 원자 위에 놓을 수 있는 것이다. 이러한 깨달음 때문에 부처의 시적인 추종자들은 그가 "공간과 시간을 초월하였다"라고 찬양하였다. 싯다르타의 가장 가까운 제자인 아라한들까지도 하늘과 손바닥을 같은 크기로 보고 한 조각의 흙과 금을 같은 값어치로 보았다.

싯다르타가 깨달음에 이르렀을 때, 시간을 멈추거나 시간의 끝에 이른 것은 아니었다. 부처는 단지 시간의 개념에 더 이상 오염되지 않은 것이다. 싯다르타가 시간과 공간의 미혹을 제거했다고 말할 때, 그것은 타임머신을 부숴 버렸거나 물리적으로 나침반을 해체한 것을 말한 것이 아니다. 부처는 모든 시간과 공간의 개념을 완전히 초월한 것이다.

시간과 공간에 대한 실제 경험을 우리 같은 시간의 노예들은 헤아릴 수 없지만, 이러한 개념들의 탄력성은 세속적 생활의 범위 안에서도 감지할 수 있다. 낭만적인 열정까지도 시간을 늘리고 구부릴 수 있다. 우리는 누군가를 만나서 그와 영혼의 짝이 되어 결혼하고, 자손을 두는 것을 꿈꾼다. 그러나 사랑하는 사람의 입에서 조금 흘러나오는 침 같은 것이 우리를 현실로 데려오면 미래 세대들은 사라져 버린다.

시간과 공간을 초월하는 것의 이점은 참으로 이해하기 어렵기 때문에, 우리는 그것을 이해하려고 하지 않는다. 우리는 시간과 공간에 의지하는 세계에 너무 익숙해 있기 때문에 그러한 막연한 보상을 얻으려고 노력하지 않는다. 선과 악, 쾌락과 고통, 칭찬과 비난과 그리고 다른 감정적 분별을 초월하는 깨달음의 측면을 파악하는 것이 더 쉬울지 모른다. 우리가 시간과 공간에 의지하는 것은 이해할 만하다. 시간과 공간은 지금은 유용하다. 그러나 이러한 분별들은 어리석을 정도로 쓸모없다. 우리는 이원성에 너무나 얽매어 있기 때문에 외모를 유지하려고 매년 엄청난 돈을 쓴다. 홀로 사막에서 방랑하고 있다면, 멋있어 보이는 것은 아무 소용이 없다. 다른 사람들에게 매력적으로 보이기 위하여, 그들과 경쟁하기 위하여, 그들에게 인정받기 위하여 잘 보이려고 하는 것이다. 누군가 "당신 다리가 멋져요"라고 말한다면 우리는 감격하여 계속 모양내고 칭찬받으려고 한다. 이러한 칭찬은 날카로운 칼날에 묻은 꿀과 같다.

대부분은 미에 대한 자신의 개념에 깊이 빠져 있으므로 자기가 매력적이라고 생각하는 것이 다른 사람들에겐 역겨울 수 있다는 사실을 알지 못한다. 우리는 자신의 개념과 허영 때문에 피해를 입는다. 이러한 허영이 실제로 환경을 파괴하는 하나의 원인과 조건이 되는 화장품 산업을 먹여 살린다. 비판이란 양념이 약간 뿌려진 많은 양의 칭찬을 듣게 되면, 모든 관심은 비판에 쏠린다. 칭찬은 그에 대한 우리의 만족을 모르는 욕망 때문에 당연한 것으로 여겨진다. 끝없이 칭찬과 관심을 바라는 사람은 하늘의 끝을 찾으려는 나비와 같다.

_차별도, 개념도, 속박도 없다

인습적인 시간과 공간의 개념과 함께 부처는 모든 미묘한 감정의 이원적 차별들을 버렸다. 그는 비난보다 칭찬을, 손해보다 이익을, 불행보다 행복을 그리고 불명예보다 명예를 더 좋아하지도 않았다. 낙관이나 비관에 동요하지도 않았다. 어떤 사람이 다른 사람보다 더 큰 매력을 지녔거나 더 많은 에너지 투자를 장담한 것도 아니다. 부처가 그랬던 것처럼 메아리처럼 단순한 소리로 들음으로써 혹은 임종하면서 듣는 소리처럼 들음으로써 작은 칭찬이나 비난의 먹이가 되지 않는 것을 상상해 보라. 당신이 얼마나 아름답고 좋은지 사랑하는 사람이 칭찬하는 것을 들으면 조금 즐거울지 모른다. 그러나 동시에 우리는 초연할 것이다. 더 이상 단어에 매달리지 않을 것이다. 호랑이에게 야채가 별것 아닌 것처럼 세상의 모든 유혹들이 흥미 없어 보여 뇌물이나 설득에 초연해지는 것을 상상해 보라. 칭찬에 매수되거나 비난에 패배하지 않는다면 우리는 믿을 수 없는 힘을 가지게 될 것이다. 놀라울 정도로 자유로워지고, 불필요한 희망과 두려움, 땀과 피 그리고 감정적 반응들도 더 이상 없을 것이다. 우리는 마침내 '나는 전혀 개의치 않아'를 실천할 수 있을 것이다. 다른 사람들의 인정이나 거부를 추구하고 피하는 것에서 자유로워져서 현재의 순간에 우리가 갖고 있는 것의 진가를 알 수 있게 된다. 대부분의 경우 우리는 가장 좋은 것을 최후에 갖고 싶어 하거나 그것을 미래에 훨씬 더 좋은 것으로 대치하는 것에 대해 생각한다. 아니면 더 행복했던 순간을 생각하면서 과거에 빠져들지 모른다. 희망과 두려움에 매달리느라고 너무 바빠서 지금에 와서 향수를 느끼는 경험들의 진가를 당시에는 결코 진정으로 인식하지 못한다는 것은 얄궂은 일이다.

우리가 바닷가에서 모래성 쌓기에 바쁜 어린애들이라고 한다면, 고귀한 존재들은 파라솔 밑에서 바라보는 어른들과 같다. 애들은 모래성 쌓기에 빠져 있어 밀려오는 파도를 두려워하면서도 그만두지 않는다. 애들은 모든 종류의 감정 속을

통과한다. 그러나 어른들은 가까이 누워서 칵테일을 마시면서 모래성이 아주 멋지게 세워졌을 때 심사하거나 자랑스럽게 생각하지 않으며 그것을 바라보고, 누군가 우연히 탑을 밟아도 화내거나 슬퍼하지 않는다. 어른들은 어린애들처럼 드라마 속으로 빠져들지 않는다. 더 이상 어떤 깨달음을 요구할 수 있을까?

세속적인 세계에서 깨달음에 대한 가장 가까운 비유가 '자유'이다. 실제로 자유의 개념이야말로 사적인 생활이나 사회에서 우리가 갖는 추진력이다. 우리는, 한때 아메리칸 드림이 그랬던 것처럼 좋아하는 것은 무엇이든 할 수 있는 시간과 장소를 꿈꾸고 있다. 말과 헌법으로는 '자유'와 '개인의 권리'를 만트라처럼 찬양하나 여전히 깊은 곳에서는 진정으로 그것을 원하지 않는다. 완전한 자유가 주어진다면 아마도 우리는 무엇을 할지 모를 것이다. 우리에게는 진정한 자유를 이용할 용기도 능력도 없다. 우리는 자만, 탐욕, 희망 그리고 두려움으로부터 자유롭지 못하기 때문이다. 한 사람만 빼놓고 모든 사람들이 지구에서 사라진다면, 그 사람은 완전한 자유를 누릴 것이라 생각할 수 있다. 맘껏 소리 지르고, 나체로 걸어 다니고, 법도 어길 수 있다. 그러나 조만간 지루하고 외로워서 친구를 찾게 될 것이다. 바로 이 관계라는 것이 우리의 자유 일부를 남에게 양도할 것을 요구한다. 그 외로운 사람의 바람이 이루어져 친구를 갖게 되면 그 친구는 자기가 원하는 것을 하면서 그 사람의 자유를 의도적이건 비의도적이건 침해할지 모른다. 누구를 탓해야 할까? 바로 그 외로운 사람이다. 그의 외로움이 자신의 몰락을 불러왔기 때문이다. 권태와 외로움이 없다면 그는 자유로울 수 있다.

우리는 자신의 자유를 제한하는 좋은 일을 한다. 나체로 돌아다니거나 취업 면접할 때 죽은 물고기를 넥타이로 매는 등의 일은 할 수는 있지만 하지 않는다. 사람들에게 좋은 인상을 주어 친구를 만들고 싶어 하기 때문이다. 제아무리 많은 지혜를 제공한다고 해도 민속 문화나 대안 문화를 탐구하지 않을 것이다. 히피로 낙인찍히는 것을 원하지 않기 때문이다.

우리는 책임과 일치의 감옥에 갇혀 살고 있다. 개인의 권리, 사생활, 무기를 휴대할 권리와 언론의 자유를 대대적으로 문제화하지만 테러리스트의 옆집에서 살기는 바라지 않는다. 다른 사람들에 대해서는 다소 법을 강요하기 바란다. 다른 사람들이 완전히 자유롭다면, 당신은 원하는 것을 모두 얻을 수 없을지도 모른다. 그들의 자유가 당신의 자유를 제한할 수 있기 때문이다. 마드리드에서 기차가 폭파되고 뉴욕에서 건물들이 조각조각 부서질 때, 우리는 테러리스트들을 자유롭게 돌아다니도록 놓아둔 CIA를 비난한다. 악당들로부터 우리를 보호하는 것이 정부의 책무라고 생각한다. 그러나 악당과 테러리스트 들은 그들 자신을 자유의 투사라고 생각한다. 동시에 우리는 정치적으로 정당한 정의의 수호자가 되기를 바란다. 따라서 소수 인종으로 보이는 이웃이 정부 요원에 체포되면 항의할지 모른다. 자기로부터 한참 떨어진 문제에 대하여 정치적으로 정당하기는 특별히 어렵지 않다. 어느 쪽이건, 우리가 정치적 정당성의 피해자가 될 위험은 존재한다.

_숫돌과 철이 닳아야 칼날이 벼려진다

진지하게 깨달음의 성취를 원한다면, 대단한 것들을 포기하는 힘이 필요하고, 홀로 그 길 위로 발걸음을 옮길 커다란 용기가 필요하다. 칭찬과 이익을 추구하지 않고, 비난과 손해를 피하지 않는 사람들은 아마 비정상적이거나 심지어 미쳤다는 낙인이 찍힐지 모른다. 보통 사람의 견지에서 보면, 깨달은 사람들은 미친 것으로 보일지 모른다. 그들은 타협하지 않고, 물질적 이득에 유혹당하거나 흔들리지 않으며, 지루해하지 않고, 긴장의 쾌락을 찾지도 않고, 잃을 체면도 없고, 예절을 따르지도 않고, 개인의 이익을 위해 위선을 부리지도 않고, 사람들에게 좋은 인상을 주려는 어떤 일도 결코 하지 않고, 자랑삼아 재능이나 능력을 보여주지도 않기 때문이다. 그러나 다른 사람들을 이롭게 하기만 한다면 이 성인들은 완벽한 테이블 매너부터 《포춘》이 선정한 500대 기업을 이끄는 것까지 어떤 일도 할 것이다. 2,500여 년 불교 역사에서 수많은 깨달은 존재들이 미쳤다고 해서 인정받지 못하거나 추방되었을 것이다. 아주 소수의 사람들만이 소위 '미친 지혜'를 지녔다는 이유로 대접받았다. 그러나 메아리 같은 칭찬에 허겁지겁하고, 비난에 가슴앓이 하고, 행복을 붙잡으려고 아등바등하는 우리야말로 진정으로 미쳐 있는 것이다.

시간과 공간을 초월하는 것은 잊어버리자. 칭찬과 비난을 초월하는 것도 불가능해 보인다. 지적으로가 아니라 감정적으로 모든 합성된 것들이 덧없다는 것을 이해하기 시작하기만 해도 집착은 줄어든다. 우리의 생각과 소유물 들이 값지고 중요하고 영원하다는 확신이 약해지기 시작한다. 오직 이틀만 살 수 있다는 것을 알게 되면 행동이 변할 것이다. 신발을 정리하고, 옷을 다리고, 비싼 향수를 뿌리는 일에 더 이상 신경 쓰지 않을 것이다. 여전히 쇼핑을 갈지는 모르지만 전혀 다른 태도를 지닐 것이다. 조금이라도 우리에게 익숙한 개념,

느낌, 목적 들이 오직 꿈같이 존재하고 있음을 알게 되면, 훨씬 더 많은 유머 감각을 갖게 될 것이다. 현실 속에서 유머를 깨달으면 고통을 막을 수 있다. 감정은 여전히 느껴지지만, 더 이상 우리를 속이거나 우리 눈을 가리지 못한다. 여전히 사랑에 빠질 수도 있지만, 거부당하는 두려움은 없다. 최고의 향수와 영양크림을 특별한 때를 위하여 아껴 두지 않고 사용한다. 이리하여 매일매일이 특별한 날이 된다.

부처의 특성은 표현할 수가 없다. 그것은 마치 끝이 없는 하늘과 같다. 우리의 언어와 분석력은 우주의 개념까지만 미칠 뿐이다. 하늘의 끝을 찾으려고 높이 더 높이 날아오르는 새는 어떤 지점에서는 한계를 느끼고 지구로 되돌아올 수밖에 없다.

이 세상에서 우리가 경험하는 것에 대한 최선의 비유는 수 없이 복잡하게 얽힌 이야기, 상승과 하강, 드라마와 스릴을 갖는 하나의 서사시적인 꿈이다. 꿈의 한 사건이 악마와 야수들로 가득 차 있으면, 탈출하길 바랄 것이다. 눈을 떠 천장에서 돌고 있는 선풍기를 보게 되면 우리는 안심한다. "악마가 나를 쫓아오는 꿈을 꾸었어"라고 말하며, 악마의 손아귀를 벗어난 것에 안심한다. 그러나 악마가 사라진 것 같지는 않다. 그 밤에 악마가 결코 당신 방에 들어온 적이 없으며, 당신이 무서운 경험을 하는 동안에도 악마는 그곳에 없었다. 깨닫고 보면, 자신은 결코 지각이 있었던 것도 아니고, 투쟁하지도 않았음을 알게 된다. 그때부터는 다시 악마가 되돌아오지 않을까 경계할 필요가 없다. 깨닫게 되면, 무지한 존재였을 때를 돌이켜볼 수 없게 된다. 어떠한 명상도 필요 없어진다. 기억해야 할 것이 아무것도 없다. 결코 어떤 것도 잊어버리지 않았기 때문이다.

《금강경》에 나오는 부처의 말처럼 모든 현상은 꿈같고 환영 같다. 깨달음마저 꿈같고 환영 같다. 그리고 깨달음보다 더 위대하고 장엄한 어떤 것이 있다면, 그것 역시 꿈같고 환영 같은 것이다. 부처의 위대한 제자인 나가르주나는 부처가 윤회를 버린 후 거기에 열반이 있다고 말하지 않았다고 기술했다. 윤회의 부재가 열반이다. 칼은 두 가지가 소모되고 나서야 날카로워진다. 숫돌과 철이 그것이다. 마찬가지로 깨달음은 번뇌와 번뇌의 해독제가 소모된 결과이다. 마지막에는 깨달음에의 길도 버려야 한다. 당신이 여전히 자신을 불교인이라고 정의한다면, 아직은 불교인이 아니다.

마치며

당신은 불교인이 아니다

여러 가지 종교를 자기가 편하게 느끼는 수준에 맞도록 혼합하는 사람들이 있다. 비종파적인 이들은 불교적 관점에서 기독교적 개념을 설명하거나, 불교와 수피즘 또는 선(禪)과 비즈니스 사이의 유사성을 찾으려고 애쓴다. 아주 작은 것이라 해도 존재하는 어떤 두 사물 사이의 유사성은 언제나 찾을 수 있다.

나는 이런 비교가 필요하다고 생각하지 않는다. 비록 모든 종교가 어떤 종류의 박애주의적 목표—보통은 고통을 줄이는 것—를 가지고 출발했지만, 그들 사이엔 근본적인 차이가 있다. 종교는 치료약과도 같다. 약은 모두 고통을 줄이려고 만들어진 것이지만, 환자와 병에 따라 다른 것이 복용되어야 한다. 옻이 올랐다면 적절한 치료제는 칼라민 로션이다. 그렇다고 칼라민 로션을 사용하는 것이 편리하기 때문에 백

혈병에 걸린 환자에게 그 사용을 정당화하려고 칼라민 로션과 화학요법 사이의 유사성을 찾으려고 하지는 않는다. 마찬가지로 종교들을 어지럽힐 필요가 없다.

이 책을 통해 나는 불교적 견해의 기본적 요소를 잠시 들여다볼 수 있도록 하려고 했다. 모든 종교에서는 견해가 수행의 기초가 된다. 왜냐하면 견해가 우리의 동기와 행동을 결정하기 때문이다.

'겉모습은 속일 수 있다'는 말은 정말로 옳다. 우리는 옆집 이웃들을 외모만 보고는 진짜로 판단할 수 없다. 마찬가지로 표면적 모습만 보고 종교와 같은 개인적인 것을 판단할 수 없다. 각 종교가 권장하는 행동, 윤리, 도덕성과 행위 규범으로 그 종교를 판단할 수는 더더구나 없다.

_고기를 먹지 말라는 이유

'견해'가 종교의 핵심이다. 종교를 초월한 회의에서 우리는 외교적일 수밖에 없고 따라서 모든 종교들이 기본적으로 같다는 데에 동의한다. 그러나 사실 각 종교는 각각 다른 견해를 갖고 있고, 오직 당신만이 어떤 종교가 다른 종교보다 더 좋은가를 판단할 수 있다. 오직 정신적 능력, 취향, 감정들을 지니고 있고, 가정교육을 받은 한 개인으로서만이 자신에게 맞는 견해를 선택할 수 있다. 음식이 풍부한 뷔페처럼 다양한 접근 방법들은 모두에게 무엇인가를 제공한다. 자이나교의 비폭력 메시지는 매우 아름답기 때문에 왜 이 위대한 종교가 다른 종교들처럼 번창하지 않을까 하고 의아하게 생각한다. 기독교의 사랑과 구원의 메시지는 수백만 사람들의 가슴에 평화와 조화를 불러일으켰다.

이러한 종교들의 겉으로 보이는 모습은 외부인들에게는 낯설고 비논리적으로 보일 수 있다. 분명한 합리성이 없는 오래된 종교와 미신 들에 대하여 우려하는 것은 이해할 만하다. 많은 사람들이 승려들의 승복과 삭발한 머리를 의아하게 생각한다. 그것들은 과학, 경제, 일상생활과 무관해 보이기 때문이다. 나는 이런 사람들이 티베트의 수도원에 와서 분노에 찬 신들과 성적인 포즈를 취하고 있는 나체의 여인들을 보면 어떤 생각을 할까 궁금하다. 그들은 이국적인 카마수트라의 어떤 측면이나, 더 나쁘게는 악행이나 악마 숭배의 증거를 보았다고 생각할지 모른다.

또 나체로 걸어 다니는 자이나교의 수행자들이나 암소와 원숭이를 닮은 신들을 숭배하는 힌두교도들을 보고 놀랄지 모른다. 매년 수백만의 이슬람교도들이 이슬람의 성지인 메카에 몰려와 카바 신전, 하지르-아스와드(신성한 검은 돌)를 경배하면서도, 왜 다른 종교의 신성한 신상을 파괴하는 것을 정당화하기 위해서 이슬람의 심오한 철학을 이용하는지 쉽게 이해하지 못할 수도 있다. 기독교에 대한 이해가 없는 사람들은 왜 기독교인들이 십자가 위에서의 가장 우울한 사건보다 예수의 전성기 이야기를 골라내지 않는가를 이해하지 못할 것이다. 핵심 신상인 십자가가 구세주를 왜 그렇게 무력하게 만드는지 납득하기 어렵다고 생각하는 사람도 있을 것이다. 그러나 이것은 겉모습일 뿐이다. 길이나 종교를 이런 겉모습으로 판단하거나 평가하는 것은 현명하지 못하고, 편견을 조장할 수 있다.

엄격한 행위도 종교를 정의할 수 없다. 규칙을 준수한다고 좋은 사람이 되는 것은 아니다. 히틀러는 채식주의자였고 차림새에 매우 신중했다고 한다. 그러나 규율과 단정한 옷차림은 그 자체만으로는 신성하지 않다. 그렇다면 누가 처음으로 무엇이 '좋은가'를 결정하는가? 한 종교에서는 건전한 것이 다른 종교에서는 불건전하거나 중요하지 않다. 시크교도들은 결코 머리나 수염을 깎지 않는 반면에 동양과 서양의 전통에서 승려들은 머리를 삭발하는 일이 많고, 청교도들은 머리에 대해서는 자기들 좋을 대로 한다. 각 종교들이 그들의 상징과 수행에 대하여 심오한 설명을 제시한다. 왜 돼지고기나 새우를 먹지 않는지, 왜 머리 자르는 것을 의무화하거나 금하는지. 그러나 이러한 무한한 '하라'와 '하지 마라'의 내부에 각 종교의 근본적인 견해가 있으며, 그 견해가 가장 중요하다.

견해는 어떤 행동이 정당한가의 여부를 결정하는 최종의 평가기준이다. 행동은 그것이 견해를 얼마나 잘 보완하는가에 의하여 평가된다. 캘리포니아 해변가에 산다면, 날씬한 것이 좋다는 견해를 갖게 되어 체중을 줄이겠다는 동기를 갖고, 그렇게 된다면 얼마나 좋을까를 상상하고, 탄수화물을 피하는 행동을 취할지 모른다. 그러나 도쿄에 있는 스모 선수라면 비대해야 좋다는 견해를 갖게 되어, 체중을 늘리겠다는 동기를 갖고, 어떻게 해야 몸집이 여린 선수가 되지 않을까를 고민하여 가능한 한 밥을 많이 먹으려 할 것이다. 따라서 밥을 먹는 행위는 당신의 견해에 따라 좋기도 하고 나쁘기도 하다. 단순히 콜레스테롤이 높아진다는 이유 때문에 고기를 안 먹는 사람을 자비로운 사람이라고 잘못 판단할 수도 있다. 누구도 다른 사람의 견해를 충분히 이해하지 않고서는 그를 판단할 수 없다.

불교의 모든 방법은 사법인으로 설명할 수 있다. 즉, 모든 합성된 것들은 덧없다, 모든 감정은 고통이다, 모든 것들에는 본래의 실체가 없다, 열반은 개념을 초월한다. 불교 경전들이 권장하는 모든 행동과 행위는 이 네 진리 또는 인에 근거한다.

대승 경전에서 부처는 신봉자들에게 고기를 먹지 말라고 권유했다. 다른 존재에 직접적인 위해를 주는 것이 부도덕할 뿐만 아니라 고기를 먹는 행위가 네 진리를 보완하지도 않기 때문이다. 어느 수준까지는 살아남기 위해서, 자신을 지탱하기 위해서 고기를 먹는다. 생존하려는 이 욕망은 영원히 살고 싶은 것, 다른 존재의 생명을 희생시키더라도 더 오래 살고 싶은 것과 연결되어 있다. 다른 동물을 입속에 집어넣는 것이 생명의 연장을 절대적으로 보장할 수 있다면, 이기적인 관점에서 그렇게 할 이유가 있다. 그러나 아무리 많은 죽은 몸을 입에 집어넣어도, 당신은 조만간 죽게 되어 있다. 아마 더 빨리 죽을지도 모른다.

자본주의적 이유로 고기를 소비할 수도 있다. 값이 비싸기 때문에 캐비어를 맛보고, 정력 강화를 위해 호랑이 남근을 먹고, 젊은 피부를 유지하기 위해 제비집 수프를 끓여 먹는다. 이보다 더 이기적인 행동은 볼 수 없다. 당신의 허영을 위해 하나의 생명이 말살되기 때문이다. 그러나 우리 인간들은 모기가 무는 것은 참지 못한다. 꽉 찬 우리에 갇혀 가족과 친구들과 함께 코가 잘려 죽게 되는 것이나, 축사 안에서 살찌워져 인간 햄버거가 되는 것을 상상하는 것은 고사하고.

우리의 허영이 다른 생명을 취할 만한 가치가 있다는 태도는 자아에 대한 집착이다. 자아에 대한 집착은 무지이다. 무지는 고통에 이른다. 우리가 고기를 먹는 것은 다른 동물에게 고통을 경험하게 만드는 일이다. 이러한 이유로 대승 경전들은 이런 동물들의 입장에 서 보고 자비의 마음으로 고기 먹는 것을 삼가는 수행을 기술하고 있다. 부처가 고기 먹는 것을 금했을 때, 그는 모든 고기를 말한 것이다. 감상적 이유로 쇠고기나 돼지고기를 제외하지 않았다. 또한 영혼이 없다고 물고기를 먹는 것이 좋다고 말하지도 않았다.

_관대함이 최선의 길이다

첫째 인, 무상의 한 예로서 관대함을 생각해 보자. 첫째 진리를 깨닫기 시작하면, 모든 것을 마치 구세군 모금함 속에 있는 것처럼 일시적이고 가치 없는 것으로 보게 된다. 모두 남에게 줄 필요도 없지만, 집착하지도 않는다. 모든 소유물들이 합성된 일시적 현상들이고 거기에 영원히 매달릴 수 없음을 알게 되면, 실제로 관대함은 이미 성취된 것이다.

둘째 인, 모든 감정은 고통임을 이해하면, 구두쇠 자아가 바로 궁핍감의 범인임을 알게 된다. 자아에 집착하지 않음으로써 재산에 집착할 아무런 이유도 없음을 알 수 있어 탐욕의 고통이 없어진다. 관대는 기쁜 행동이 된다.

셋째 인, 모든 것들에 본래의 실체가 없음을 깨달음으로써 집착의 무익함을 알게 된다. 집착하는 것은 무엇이든 진정으로 실재하는 본성이 없기 때문이다. 집착하는 것은 거리에서 낯선 사람들에게 돈을 뿌리는 것을 꿈꾸는 것과 같다. 당신은 너그럽게 줄 수 있다. 그것은 꿈속의 돈이지만 그 경험에서 온갖 재미를 느낄 수 있기 때문이다. 이 세 가지 견해에 근거를 둔 관대함은 불가피하게 목표가 없음을 깨닫게 한다. 관대함은 인정을 받기 위해서나 더 좋은 환생을 위하여 감내해야 할 희생이 아니다.

가격표나 기대나 조건이 없는 관대함은 넷째 인, 해탈과 깨달음이 개념을 초월한다는 진리를 얼핏 들여다보게 한다.

관대함과 같은 유덕한 행동의 완성을 물질적 기준—얼마나 많이 빈곤이 제거되었는가—에 의해 측정한다면, 우리는 결코 완성에 이를 수 없다. 궁핍과 가난한 사람들의 욕망은 끝이 없다. 부자들의 욕망도 끝이 없다. 실제로 인간의 욕망은 결코 완전히 충족될 수 없다. 그러나 싯다르타에 의하면 관대함은 주어버리는 것과 주는 자아에 대한 집착의 수준에 의하여 측정되어야 한다. 일단 자아와 자아가 갖고 있는 모든 소유물들이 무상하고 실재하는 본성이 없음을 깨닫고 나면, 집착하지 않게 된다. 이것이 완벽한 관대함이다. 이러한 이유로 불교 경전에서 권장하는 으뜸가는 행동이 관대함의 실천이다.

_업, 청정 그리고 비폭력에 대한 이해

업의 개념, 이 부인할 수 없는 불교의 트레이드마크 또한 네 진리에 포함된다. 원인과 조건 들이 함께 모이고 장애가 없다면 결과가 생긴다. 결과가 업이다. 업은 의식 — 마음 또는 자아에 의하여 모아진다. 자아가 탐욕이나 욕구불만에서 행동한다면 부정적인 업이 생긴다. 어떤 생각이나 행동이 사랑, 인내, 다른 사람들의 행복을 바라는 동기에서 이루어진다면 긍정적인 업이 생긴다. 그러나 동기와 행동과 그 결과로 생기는 업은 본래 꿈이나 환영 같은 것이다. 좋은 업이건 나쁜 업이건 그것을 초월하는 것이 열반이다. 그리고 이 네 가지 견해에 근거를 두지 않은 소위 좋은 행위는 그냥 정의로울 뿐이다. 그것은 궁극적으로 싯다르타의 길이 아니다. 비록 우리가 이 세상의 모든 굶주린 사람들을 먹인다 해도, 이러한 네 견해가 전혀 없이 행해졌다면, 그것은 단순히 좋은 행동에 지나지 않는다. 그것은 깨달음에 이르는 길이 아니다. 실제로 그것은 자아를 먹이고 지탱하기 위해 고안된 바른 행동일지 모른다.

불교인들이 청정해질 수 있는 것은 이 네 가지 진리 때문이다. 자신이 부정적인 업으로 더럽혀졌거나 허약하거나 죄가 많다고 생각하여 좌절하고, 이러한 장애들이 항상 깨달음의 길을 가로막는다고 생각하면, 그것들이 합성되었고 따라서 무상하고 정화될 수 있음을 이해함으로써 위안을 얻을 수 있다. 또 자신에게 능력이나 공덕이 없다고 느끼면, 선행하여 공덕을 쌓을 수 있음을 이해함으로써 위안을 얻을 수 있다. 공덕의 결여도 무상하고 따라서 변할 수 있기 때문이다.

불교인이 비폭력을 실천하는 것은 미소나 온화한 생각으로 그저 굴복하는 것이 아니다. 폭력의 근본적인 원인은 정의나 도덕 같은 극단적인 생각에 고착되는 것에 있다. 이러한 고착은 선이나 악, 아름다움이나 추함, 도덕이나 비도덕 등의 이원적 견해를 취하는 습관에서 비롯한다. 경직된 독선은 다른 사람들과의 공감이 허용되는 모든 공간을 차지해 버린다. 제정신을 잃는 것이다. 이러한 견해나 가치 들은 모두 그것을 지닌 사람처럼 합성되었고 무상하다는 것을 이해함으로써 폭력을 피할 수 있다. 자아가 없고, 자아에 대한 집착이 없다면 결코 폭력적일 이유가 없다. 적들이 강력한 무지와 욕구불만으로부터 영향을 받고 있고 습관 속에 갇혀 있음을 이해한다면 그들의 무례한 행위와 행동을 용서하기가 쉬워진다. 마찬가지로 정신병원에 있는 누군가가 당신을 모욕한다면 화내는 것은 별 의미가 없다. 극단적이고 이원적인 현상을 믿지 않는다면 폭력의 원인을 초월하게 된다.

_사법인은 불교의 척추

불교에서는 네 가지 견해를 세우거나 증진하는 어떤 행동도 올바른 길이다. 향을 피우거나 명상을 하거나 만트라를 외우는 등 겉으로 보기엔 의식적인 수행들도 우리들의 주의를 진리에 집중하도록 고안된 것이다.

네 가지 견해에 반하는 어떤 것도 길이 아니다. 사랑과 자비도 예외는 아니다. 만약 네 진리에 부합하지 않으면, 공에 대한 명상까지도 순수한 부정, 단지 허무의 길이 되고 만다.

말하자면 이 네 견해가 불교의 척추라고 할 수 있다. 우리는 그것들이 사실이기 때문에 '진리'라고 부른다. '진리'는 조작되지 않았고, 부처가 신비스럽게 밝힌 것도 아니다. '진리'는 부처가 가르침을 편 후에야 유효해진 것도 아니다. '진리'에 의해서 사는 것은 의례도 전문적인 기술도 아니다. '진리'는 도덕이나 윤리도 아니고, 상표를 붙일 수도 없고, 소유할 수도 없는 것이다. 불교에는 '이단'이나 '신성모독' 같은 것도 없다. 충실해야 할 대상도 없고, 모욕하거나 의심해야 할 대상도 없기 때문이다. 그러나 불교인들은 이 네 진리를 모르거나 믿지 않는 사람들을 무지하다고 생각한다. 그러한 무지는 도덕적 판단의 근거가 되지 않는다. 만약 어떤 사람이 인간이 달에 착륙한 것을 믿지 않거나 지구가 평평하다고 생각한다면, 과학자는 그를 신성모독자라고 하지 않고 무식하다고 할 것이다. 마찬가지로 어떤 사람이 이 사법인을 믿지 않아도 이단자가 아니다. 실제로 그 사람이 사법인의 논리가 오류이고 자아에 집착하는 것이 사실상 고통이 아니거나 어떤 원소가 무상하지 않음을 증명한다면, 불교인들은 기꺼이 그 길을 따를 것이다. 왜냐하면 우리가 추구하는 것은 깨달음이고, 깨달음은 진리의 실현을 의미하기 때문이다. 그러나 아직껏 이 모든 세기에 걸쳐 네 진리를 부정하는 어떠한 증거도 나타나지 않았다.

당신이 네 진리를 무시하고 전통에 대한 사랑 때문에 자신을 불교인이라고 생각한다면, 그것은 피상적인 귀의가 될 것이다. 불교에 통달한 사람들은 당신이 자신을 무어라 하든 이 네 진리를 믿지 않는 한 계속해서 환영의 세계를 견고한 실체로 알고 살아갈 것이라고 믿는다. 비록 그러한 믿음이 일시적으로 무지의 축복을 주지만, 궁극적으로는 항상 어떤 형태의 불안을 가져온다. 그러면 당신은 항상 문제를 해결하고 불안을 없애려고 애쓸 것이다. 끊임없이 문제를 해결해야 할 필요성에 중독될 것이다. 얼마나 많은 문제를 해결해야 다른 문제들이 발생하지 않을 것인가? 당신이 이 순환에 만족한다면, 불평할 이유가 없다. 그러나 문제를 해결하는 데는 끝이 없음을 알게 되면, 그것이 내적인 진리 추구의 출발점이 된다. 불교가 세계의 모든 일시적 문제와 사회적 부정에 대해 대답을 주진 않지만, 당신이 우연히 찾기 시작하고 또 싯다르타와 마음이 잘 맞으면 이 진리들이 마음에 들지도 모른다. 그 경우에 싯다르타를 따를 것인지 진지하게 생각할 것이다.

_포기 속의 풍요

싯다르타를 따르는 사람이라고 해서 반드시 그의 모든 행동을 본받을 필요는 없다. 아내가 잠들어 있을 때 슬그머니 가출해야 할 필요는 없는 것이다. 많은 사람들이 불교를 가정과 가족, 직장을 버리고 금욕주의자의 길을 따르는 포기와 동의어로 이해한다. 금욕 생활의 이미지는 기독교인들이 성 프란체스코를 존경하는 것처럼 대다수의 불교인들이 불교 경전과 가르침 속에서 거지들을 존경한다는 사실에서 부분적으로 비롯한다. 바리를 들고 맨발로 구걸하며 마가다를 걸어 다니는 부처나, 동굴 속에서 쐐기풀 죽으로 연명하는 밀라레파의 이미지에 충격받지 않을 수 없다. 우리는 동냥을 받는 걸승의 조용함에 매혹된다.

그러나 부처를 따르는 전혀 다른 종류의 사람들이 있다. 진주와 황금으로 치장한 아쇼카 왕은 가마에서 내려 전 세계에 불법을 전하고자 하는 그의 소원을 선포하였다. 그는 무릎을 꿇고 주먹에 가득히 모래를 쥐고 그 모래 수만큼의 탑을 세우겠다고 선언하였다. 따라서 왕이건, 상인이건, 창녀이건, 마약 중독자이건, CEO이건 누구도 네 진리를 수용할 수 있다. 근본적으로 불교인들이 소중하게 여기는 것은 물질적 세계를 떠나는 행동이 아니고, 이 세상과 우리 자신에 집착하는 습관을 찾아 그 집착을 포기하는 능력이다.

네 진리를 이해하기 시작했다고 해서 반드시 사물을 버릴 필요는 없다. 네 진리를 이해하면 사물들에 대한 태도를 바꿔 그 가치를 변화시키게 된다. 다른 사람보다 적게 소유한다는 것이 도덕적으로 더 청정하거나 유덕하다는 것을 의미하지는 않는다. 실제로 겸허가 위선의 한 형태가 될 수도 있다. 물질적 세계는 실체가 없고 무상하다는 것을 이해하게 되면, 포기는 더 이상 자신에 대한 채찍질의 한 형태가 될 수 없다. 그것은 자신에게 엄격하다는 것을 의미하지 않는다. '희생'이라는 단어는 다른 의미를 지닌다. 이렇게 이해하면 모든 것이 땅 위에 뱉은 침 정도의 의미밖에 갖지 못할 것이다. 우리는 침에 대해 감정을 갖지 않는다. 감정을 버리는 것이 지복에의 길, 즉 '수가타'이다. 포기가 지복으로 이해될 때, 왕궁 생활을 포기한 옛날의 인도 공주, 왕자와 무사 들의 이야기가 이상하게 여겨지지 않을 것이다.

이러한 진리에 대한 사랑과 진리를 추구하는 사람들에 대한 존경이 인도와 같은 나라에서는 하나의 오래된 전통이다. 오늘날에도 인도 사회는 포기한 사람들을 경멸하는 대신에 하버드나 예일 대학교의 교수들을 존경하는 것처럼 존경한다. 비록 기업 문화가 지배하는 이 시대에 그러한 전통은 시들어가고 있지만, 아직도 성공적인 변호사직을 포기하고 벌거벗은 채 먼지를 뒤집어쓰고 방랑하는 걸승 사두를 볼 수 있다. 인도 사회가 이 사람들을 수치스러운 거지나 골칫거리로 내쫓는 대신에 존경하는 것을 보면 소름이 돋는다. 나는 홍콩에 있는 메리어트 호텔에 그들이 있는 장면을 상상해 보았다. 서구의 방식을 모방하려고 처절하게 노력하는 중국의 벼락부자들이 먼지를 뒤집어쓴 사두들에게서 어떤 느낌을 받을 것인가? 문지기가 문을 열어줄까? 로스앤젤레스의 고급 호텔 벨에어의 문지기는 어떻게 반응할까? 진리를 숭배하고 사두를 공경하는 대신 빌보드를 숭배하고 지방 흡입을 공경하는 것이 이 시대이다.

_왜곡된 도덕성을 버려라

이 책을 읽으면서 당신은 생각할지 모른다. '나는 관대하고 내 물건에 그렇게 집착하지 않는다.' 당신이 구두쇠가 아닌 것은 사실일지 모른다. 그러나 누군가 당신이 좋아하는 연필을 갖고 가버리면 당신은 화가 나 그의 귀를 물어뜯고 싶어

질지 모른다. 또는 누군가 "이것이 당신이 줄 수 있는 모든 것인가요?" 라고 물으면 낙담할지 모른다. 우리는 결과에 집착한다. 그것이 좋은 환생은 아니더라도 최소한 금생에서 인정을 받거나 벽에 걸어 둘 기념명판 같은 것을 얻고 싶어 한다. 박물관을 짓거나 돈을 기부해서, 그것을 받은 사람들로부터 평생 동안 충성을 기대하며 자신을 관대하다고 생각하는 사람들을 많이 보았다.

네 가지 견해를 수반하지 않는다면 도덕성도 마찬가지로 왜곡될 수 있다. 도덕성은 자아를 살찌워 더욱 청교도적으로 만든다. 그리고 도덕성이 다른 사람들을 비판하게 한다. 도덕성에 관한 견해에 고착되면 다른 사람들을 내려 보고 자유를 박탈해서라도 그들에게 우리의 윤리를 강요한다. 왕자였지만 자신의 왕국을 포기한 위대한 인도의 학자이자 성인인 샨티데바〔菽天〕는 해로운 것은 어떤 것이라도 모두 피하는 것은 불가능하나, 네 가지 견해 중 단 하나만이라도 적용할 수 있다면 모든 악덕으로부터 보호받을 수 있다고 가르쳤다. 서구 세계 전체가 어쩐지 악마적이고 비도덕적이라고 생각해도 그것을 정복하여 복원하는 것은 불가능하다. 그러나 자기 내부에 관용을 지닌다면, 이것은 정복하는 것과 같다. 당신은 전 지구를 평평하게 하여 맨발로 쉽게 걸어 다니게 할 수는 없다. 그러나 신발을 신고 걸으면 거칠고 불쾌한 표면으로부터 자신을 보호할 수 있다.

네 견해를 지적으로뿐만 아니라 체험으로 이해할 수 있다면, 환영과 같은 사물들에 집착하는 것으로부터 자유로워지기 시작할 것이다. 이 자유를 우리는 지혜라고 부른다. 불교인들은 다른 무엇보다 지혜를 존중한다. 지혜는 도덕성, 사랑, 상식, 관용과 채식주의를 능가한다. 그것은 우리 밖에서 찾는 신성한 정신이 아니다. 우리는 네 진리에 대한 가르침을 들어도 액면 그대로 수용하지 않고 오히려 분석하고 깊이 생각한다. 이러한 방법이 혼란을 다소라도 없애 주고 조금이나마 위안을 가져온다면 당신은 실제로 지혜를 실행하고 있는 것이다.

불교의 아주 오래된 교육법 중에는 스승이 제자에게 뼈를 주고 그 기원을 명상하도록 하는 것이 있다. 이 명상을 통하여 제자들은 결국 그 뼈를 탄생의 마지막 결과로, 탄생은 생성된 업의 마지막 결과로, 업의 생성은 갈애의 마지막 결과로, 이렇게 계속해서 보게 된다. 원인, 조건과 결과의 논리를 철저히 확신함으로써 제자들은 매 순간 모든 상황에서 각성하기 시작한다. 이것을 우리는 명상이라고 부른다. 우리에게 이러한 정보와 이해를 가져오는 사람들은 스승으로 존경받는다. 그들은 심오한 깨달음을 지니고 숲 속에서 행복하게 살 수도 있지만 그 견해를 설명하기 위하여 기꺼이 아직 어둠 속에 있는 사람들 곁에 머물기 때문이다. 그리고 그들이 전해주는 정보는 우리를 불필요한 모든 종류의 문제들로부터 자유롭게 해준다. 따라서 불교인들은 스승을 존경한다.

일단 지적으로 그 견해를 수용하면, 이해와 깨달음을 심화하는 어떠한 방법도 적용할 수 있다. 다시 말해, 사물들이 견고하다고 생각하는 습관을 그것들이 합성되었고 상호 의존하고 무상하다고 생각하는 습관으로 바꾸는 데 도움을 주는 기법이나 수행법은 무엇이든 이용할 수 있다. 이것이 진정한 불교인의 명상이고 수행이다. 그저 문진처럼 고요히 앉아 있는 것은 불교인의 수행이 아니다.

지적으로는 죽게 되리라는 것을 안다고 해도, 이러한 지식은 우연한 칭찬과 같이 하찮은 것에 의해서 가려질 수 있다. 손가락이 무척 우아하다는 말을 들으면, 어느 틈엔가 우리는 손가락을 우아하게 유지할 방법을 찾으려 애쓴다. 갑자기 무언가 잃어버릴 거라고 느끼면서 말이다. 오늘날 우리는 너무나 많은 새로 잃어버릴 것들과 얻게 될 것들로 끊임없이 괴로움을 당하고 있다. 그 어느 때보다도 절실하게 우리에게는 죽음의 지식을 상기하고 그것에 익숙해지도록 도움받을 방법이 필요하다. 이러한 방법들과 결합되어야 윤리와 도덕이 유용해진다. 불교에서 윤리와 도덕은 부차적일지 모른다. 그러나 우리를 진리에 더 가까이 데려갈 때 그 둘은 중요해진다. 싯다르타는 어떤 행동들이 건전하고 긍정적으로 보여도 우리를 이 네 진리로부터 멀어지게 하면 그만두라고 충고했다.

_차와 찻잔

사법인은 차와 같고, 이 진리들을 실현하는 모든 다른 수단들, 즉 수행, 의식, 전통과 문화적 장식은 찻잔과 같다. 기술과 방법은 가시적이고 구체적이나 진리는 그렇지 않다. 문제는 찻잔에 휩쓸려가지 않는 것이다. 사람들은 내일과 내생 중 어떤 것이 먼저 올 것인가를 명상하기보다 조용한 곳에 방석을 깔고 곧게 앉아 명상하고 싶어 한다. 겉으로 나타나는 수행들은 알아볼 수 있으므로 마음은 잽싸게 그것들에 불교라는 명칭을 붙인다. 반면에 '모든 합성된 것들은 무상하다'라는 개념은 구체적이지 않으므로 명칭을 붙이기 어렵다. 무상의 증거들이 이렇듯 도처에 있는데 여태 우리에게는 분명치 않다니 얄궂다.

불교의 본질은 문화를 초월한다. 그러나 많은 나라에서 그들의 전통을 그 가르침을 담는 찻잔으로 사용하여 불교를 수행한다. 이러한 문화적 장식의 요소들이 해를 끼치지 않고 남을 돕고 네 진리에 어긋나지 않는 한, 싯다르타는 그러한 수행을 권장할 것이다.

여러 세기에 걸쳐 무수히 많은 상표을 달고 무수히 많은 모양의 찻잔들이 만들어졌다. 그러나 그 의도가 아무리 좋고 또 아무리 소용이 있는 것이어도, 우리가 그 안에 담긴 차를 잊어버린다면 찻잔은 장애가 될 뿐이다. 비록 그 목적이 진리를 담는 것이라 할지라도 우리는 결과보다 수단에 집중하는 경향이 있다. 그래서 사람들은 빈 찻잔을 들고 걸어 다니거나 차 마시는 것을 아예 잊어버린다. 불교인들의 문화적 수행 의식과 빛깔에 매혹되거나 아니면 최소한 마음이 산란해진다. 향과 촛불은 이국적이고 매력적이지만, 무상과 무아는 그렇지 않다. 싯다르타는 무상이 진리이고, 감정이 고통이고, 현상은 본래의 실체가 없고, 열반은 개념을 초월함을 아는 것이 최상의 경배라고 말했다.

피상적인 수준에서 불교는 의식적이고 종교적으로 보일지 모른다. 불교인들의 종교적 규약은 가사, 의식과 의식의 대상, 향, 꽃, 사원 들과 같은 형태를 가지고 있다. 그것들은 볼 수 있고 촬영할 수 있다. 우리는 그것들이 목적을 위한 수단임을 잊어버렸다. 의식을 수행하거나 채식을 하거나 가사를 입는 것과 같은 계율을 택하기만 해서는 부처의 제자가 되지 못함을 잊어버렸다. 인간의 마음은 상징과 의식을 매우 사랑하기 때문에 그것들은 필수적인 것이 되어 버렸다. 티베트의 모래 만달라와 일본의 선 정원들은 아름답다. 그것들은 우리에게 영감을 주고 진리를 이해하는 수단이 되어 주기도 한다. 그러나 진리 자체는 아름답지도 않고, 아름답지 않지도 않다.

그러나 보편적으로 권할 만한 의식이나 규율 같은 것들은 있다. 진리에 관해 명상하는 한, 편히 누워 술을 마시면서 명상하는 것이 나쁘다고 단언할 수는 없다. 그러나 그보다는 곧게 앉는 것이 실제로 더 유익하다. 바른 자세는 하기 쉽고 경제적일 뿐만 아니라 대개 당신을 열중하고 표류하게 만드는 감정들이 빨리 반응하지 못하게 해준다. 바른 자세는 맑은 정신을 가질 수 있는 작은 공간을 제공한다. 집단 의례나 종교적인 위계 구조 같은 제도화된 의식들도 다소 장점이 있을지 모르지만, 과거 스승들에게 풍자의 표적이었음을 주목해야 한다. 나는 개인적으로 네 진리에 티끌만 한 숭배의 마음도 지니고 있지 않지만, 많은 서양 사람들이 불교를 숭배의 한 형태로 분류하는 것은 이러한 의식들 때문임에 틀림없다고 생각한다.

불교가 서양에서 번성하고 있는 요즘, 사람들이 불교의 가르침을 그들의 현대적 사고방식에 맞도록 변형시킨다고 듣고 있다. 변형해야 할 것이 있다면 진리 그 자체가 아니라 의식과 상징이다. 부처는 계율과 방법은 시대와 장소에 맞추어 적절히 바뀌어져야 한다고 말했다. 그러나 네 진리는 경신하거나 수정할 필요가 없다. 그렇게 하는 것은 불가능하다. 찻잔은 바뀔 수는 있으나 차는 그대로 남아 있다. 2,500여 년 동안 살아남았고, 보리수로부터 뉴욕의 타임스퀘어까지 1만 2,430킬로미터를 여행한 후에도, '모든 합성된 것들은 무상하다'라는 개념은 아직 유효하다. 무상은 아직도 타임스퀘어에서 무상하다. 이 네 법칙들은 변경할 수 없다. 거기에 사회적 · 문화적 예외는 없다.

일부 종교와는 달리, 불교는 한 여자가 얼마나 많은 남편을 두어야 하나, 어디에 가서 세금을 내야 하나, 어떻게 도둑을 처벌하나 하는 문제들에 해결책을 제시하는 생존 전략이 아니다. 엄밀히 말해서, 결혼식을 위한 정해진 의식도 없다. 싯다르타의 가르침의 목적은 사람들에게 그들이 듣고 싶어하는 것을 가르쳐 주는 것이 아니다. 그의 가르침은 다른 사람들을 그릇된 생각과 끝없는 오해로부터 자유롭게 하기 위한 강한 충동에서 비롯하였다. 그러나 이 진리를 효과적으로 설명하기 위하여 싯다르타는 각기 다른 청중들의 필요에 따라 각기 다른 방법과 수단을 가르쳤다. 가르침의 이런 여러 가지 방법들은 현재 불교의 다른 '종파'들로 불리고 있다. 그러나 모든 종파들의 근본적 견해는 같다.

종교에 지도자가 있는 것은 정상이다. 로마 가톨릭 교회 같은 어떤 종교는 정교한 지배 구조를 갖고 있으며, 전권을 가진 한 인물이 이끌고 결정하고 판단한다. 통속적인 믿음과는 다르게 불교에는 그러한 인물도 기관도 없다. 달라이 라마는 망명 중인 티베트 공동체의 세속적인 지도자이자 전 세계 많은 사람들의 영적 스승이다. 그러나 반드시 모든 불교인들에게 그런 것은 아니다. 티베트, 한국, 라오스, 중국, 일본, 캄보디아, 태국, 베트남과 서양에 존재하는 모든 불교의 형태와 종파에서 누가 진정한 불교인인지 아닌지를 결정할 권한을 가진 권위자는 한 사람도 없다. 아무도 어떤 사람을 처벌해야 하고 해서는 안 되는지를 선언할 수 없다. 이렇게 중앙 권력이 없는 것은 혼란을 불러올 수도 있지만, 또한 축복이기도 하다. 모든 인간의 조직에서 권력의 근원은 부패할 수 있기 때문이다.

부처는 말했다. "당신이 당신의 주인이다." 물론 유식한 스승이 당신에게 진리를 가르쳐 주려고 노력한다면 당신은 운이 좋은 사람이다. 어떤 경우에는 그러한 스승을 부처보다 더 존경해야 한다. 왜냐하면 수천의 부처들이 왔을지 모르지만 진리를 당신의 문턱에 가져온 사람은 바로 이 스승이기 때문이다. 영적인 안내자를 찾는 것은 전적으로 당신에게 달려 있다. 당신은 자유롭게 스승을 분석할 수 있다. 스승의 진정성을 확신하게 되면, 그를 수용하고 인내하고 또 기쁘게 하는 것이 수행의 일부가 된다.

존경이 종교적 열정과 혼동되는 일이 많다. 불가피하게 겉으로 드러나는 것들과 일부 불교인의 솜씨 부족으로 불교인들이 부처와 종파의 스승들을 마치 신처럼 숭배한다고 생각하게 만들었는지 모른다.

어떤 길이 올바른 길인가를 고민하고 있다면, 네 가지 진리를 위배하지 않는 어떠한 길도 안전한 길임을 기억하라. 궁극적으로 불교를 보호하는 것은 높은 지위에 있는 스승들이 아니다. 수호자는 네 진리이다.

진리를 이해하는 것이 불교의 가장 중요한 측면임은 아무리 강조해도 지나치지 않다. 여러 세기에 걸쳐 학자들과 사상가들이 자신의 발견을 분석하라는 싯다르타의 권유를 충분히 받아들였다. 그의 말을 분석하고 논의한 수백 권의 책이 그

증거이다. 실제로 불교에 관심이 있다면 결코 불경하다 하지 않을 터이니 모든 의심을 탐구하라고 격려한다. 수많은 지성인들은 싯다르타의 지혜와 견해에 대해 존경을 먼저 느꼈다. 그런 다음에야 비로소 진정한 믿음과 헌신을 보였다. 이러한 이유로 옛날에 왕자와 대신 들은 진리를 추구하기 위해 왕궁을 버리는 것에 대해 일말의 고민도 하지 않았다.

_당신은 불교인이 아니다

오늘날에는 심오한 진리는 고사하고, 실용적이며 명백한 진리도 무시된다. 우리는 숲에서 살면서 나뭇가지에 매달려 배설하는 원숭이들과 같다. 경기 후퇴와 탐욕 사이의 연관성도 모른 채 매일 경제 상황에 대하여 말하는 것을 듣는다. 탐욕, 시기, 자만 때문에 경제는 모든 사람들이 생활의 기본적인 욕구를 충족하는 것을 보장할 수 있을 만큼 튼튼하지 못하다. 우리가 사는 곳, 지구는 더욱더 오염되고 있다. 나는 옛날의 지배자와 황제와 종교 들을 모든 갈등의 근원으로 비난하는 사람들을 만난 적이 있다. 그러나 현대의 세계도 별반 잘한 것이 없다. 오히려 더 나빠졌을 뿐이다. 현대 세계에서 더 좋아진 것이 무엇인가? 과학과 기술은 세계를 더욱 빨리 파괴하고 있다. 많은 과학자들은 지구상의 모든 생물계와 생명의 부양 체계가 몰락하고 있다고 믿고 있다.

이제는 영적인 문제를 생각해 볼 때가 되었다. 방석 위에 앉아 있을 시간이 없고, 묵주를 두른 사람들에게는 진절머리가 나고, 세속적인 친구들에게 종교적 성향을 드러내는 것이 곤란하다 하여도. 우리가 경험하는 모든 것의 무상한 본질과 자아에 집착하는 것의 고통스러운 효과에 대한 명상은 평화와 조화를 불러온다. 전 세계가 아니라 해도 최소한 당신 자신의 세계에는.

이 네 진리를 수용하고 실천하는 한 당신은 '수행하는 불교인'이다. 당신은 흥미나 정신 운동을 위하여 이 네 진리에 관하여 읽었는지 모른다. 그러나 이를 실행하지 않으면 약병에 붙은 라벨을 읽기는 하지만 결코 약을 먹지 않는 병자나 마찬가지다. 반면에 실행에 옮기면, 자신을 불교인이라고 특별히 내세울 필요가 없다. 어떤 사회 활동에 초대되는 데 도움이 된다면, 당신이 불교인임을 감추어도 전혀 문제가 안 된다. 그러나 가능한 한 다른 사람을 해치는 것을 삼가고 다른 사람을 돕는 것이 불교인으로서 당신의 책무임을 기억해야 한다. 이것은 엄청난 책임이 아니다. 진정으로 진리를 수용하고 명상하면, 이 모든 것이 자연스럽게 행해지기 때문이다.

불교인으로서 당신이 전 세계를 불교로 개종시켜야 할 사명이나 의무가 없음을 이해하는 것 또한 중요하다. 불교인과 불교는 마치 민주주의자와 민주주의처럼 서로 다른 두 개의 것이다. 나는 많은 불교인들이 자신과 다른 사람들에게 끔찍한 일들을 해왔고 또 하고 있으리라 확신한다. 그러나 현재까지 개종을 목적으로 부처의 이름으로 전쟁을 일으키거나 다른 종교의 사원을 약탈한 일이 없다는 것은 고무적이다.

불교인으로서 당신은 이 정책을 굳게 지켜야 한다. 불교인들은 불교의 이름으로 결코 피 흘리는 일을 하지도 않고 장려하지도 않는다. 당신은 사람은 물론 곤충도 죽여서는 안 된다. 그렇게 하는 불교인을 개인으로나 집단으로 알게 되면, 불교인으로서 당신은 항의하고 비난해야 한다. 침묵한다면, 당신은 그들을 단념시키지 못한 것일 뿐만 아니라 근본적으로 그들 중의 하나이다. 당신은 불교인이 아니다.